시를 사랑하는 당신에게
시집 **'단 머 타'** 를 드립니다.

_____

_____

단정히
머리 빗고
타이 매고서

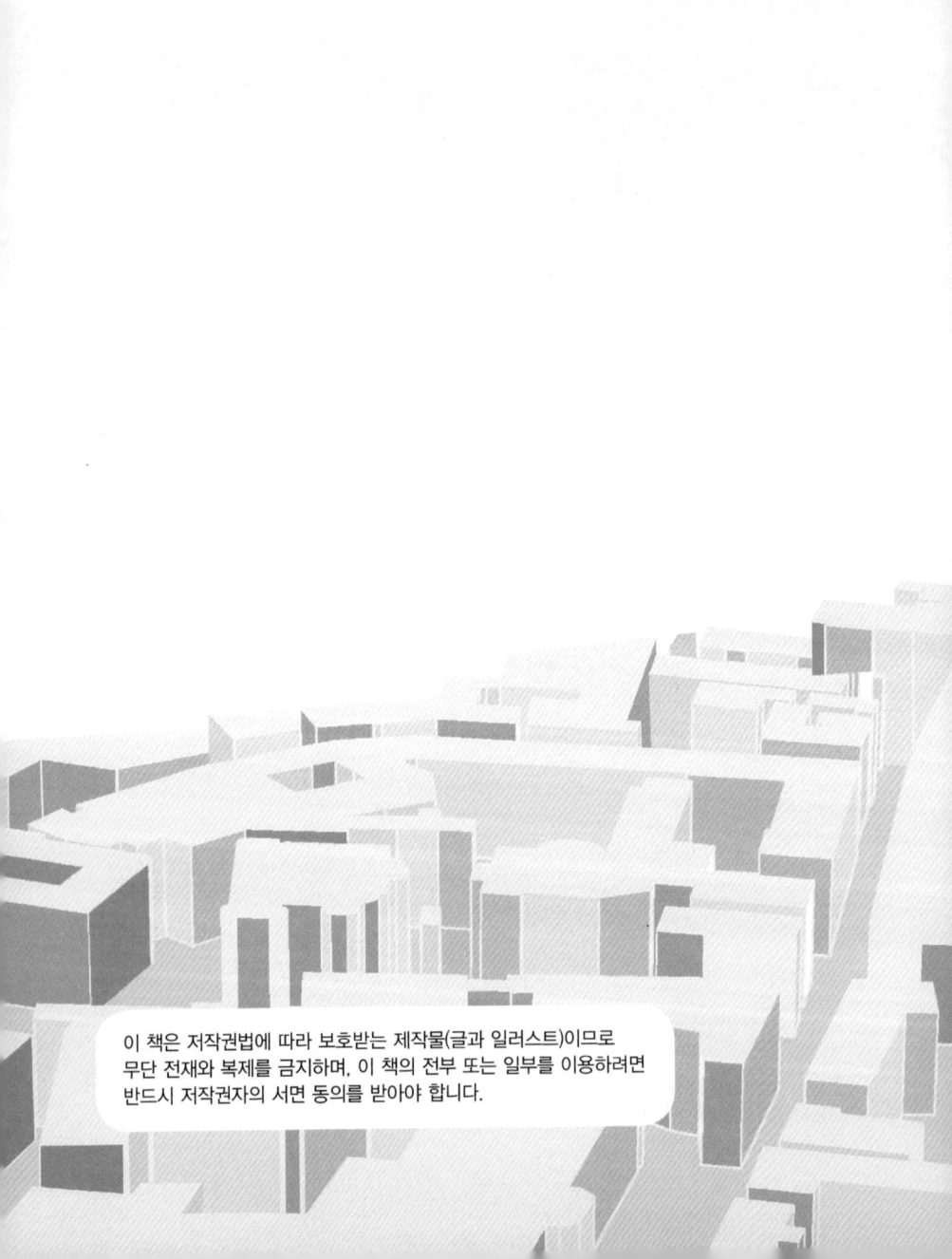

이 책은 저작권법에 따라 보호받는 제작물(글과 일러스트)이므로 무단 전재와 복제를 금지하며, 이 책의 전부 또는 일부를 이용하려면 반드시 저작권자의 서면 동의를 받아야 합니다.

단정히 머리 빗고 타이 매고서

서 강 석 시집

행일미디어

 시인의 말

  등단이후 틈틈이 써온 시들을 묶어서 시집을 내었습니다. 일상의 삶에 쫓기느라 시집을 내고자하는 마음만 있었습니다. 이제 오랜 직장 생활도 마칠 때가 다 되어갑니다. 시간을 내어서 써놓은 시들을 다시 다듬고, 감성을 되살려 새로운 시들을 썼습니다. 제 시를 관통하는 주제는 도시의 소외와 고독, 그리고 그 도시에 사는 젊음의 사랑과 성장입니다.

  저의 시 63편을 '도시', '젊음', '사랑'으로 나누어 시집을 꾸몄습니다. 그리고 시에는 시인이 생각하는바 시를 설명하는 글을 달았습니다. 시를 읽고 해석하기 편하게 하는 해설일 수도 있지만 시인은 그 해설

또한 시를 쓰는 마음으로 쓰고 시의 한 부분으로 생각하고 있습니다. 그러나 저는 저의 시가 시인의 해설에 한정되지 않고 시간을 내어서 시를 읽어주시는 독자분들의 시적 상상력으로 해석하고 받아들여지기 바랍니다.

다시 또 아름다운 봄이 왔습니다. 연녹색 아기 잎들이 나무를 장식합니다. 하얀색, 노란색, 분홍색, 빨간색, 형형색색의 꽃들이 푸르른 대지를 장식합니다. 춥지도 덥지도 않은 편안하고 행복한 봄입니다. 지구라는 별에 왔다가 먼저가신 수많은 분들은 다시 못 보시는 이 아름다운 봄 때문에 돌아가심이 너무나도 억울하실 것 같습니다. 이렇게 아름다운 봄을 볼 수 있음에 감사합니다. 이 봄에 저의 사랑과 감성이 담긴 시집을 낼 수 있음에 감사합니다.

 항상 저를 잘 바로 잡아주고 웃는 모습이 예쁜 사랑하는 아내 서경애와, 아빠의 시집을 멋지게 꾸며준 딸 리원, 그리고 결혼해 나간 아들 진원과 며느리 현수 이제 백일이 갓 지난 귀여운 손녀 윤아에게 이 시집을 선사합니다.

2017년 봄
자양동에서
서 강 석

서강석 시인의 시세계

변신하며, 저항하며, 수긍하는 성찰의 시학

　서강석 시인의 작품은 일상의 세밀한 부분을 핀셋으로 잡아내어 주제를 극대화 시킨다. 평범한 일상을 낮은 목소리로 조곤조곤하게 이야기한다. 시인의 생각을 거부 감정 없이 받아들여지게 하고 어느새 수긍하게 만든다. 그렇다고 오래된 풍경을 낯익은 화폭으로 그려내지는 않는다. 도시의 생활이 실제 이루어지고 있는 지금 여기의 익숙한 공간을 현대적 감각의 언어를 동원하여 창의적으로 호소력 있게 접근하고 있다.

　시인의 문학적 지향점은 크게 세 가지의 모습을 보여주고 있다. 하나는 현대사회의 치열한 경쟁 속에서 좌절하지 않고 변신하며 노력하는 자아의 모습이다. 다른 하나는 현실에 대해 거부하고 저항하는 비판의 정신이다. 마지막으로는 현대인의 우울한 소외와 고독에 적응하는 순리의 모습이다. 이러한 변신하며, 저항하며, 수긍하는 모습을 통해 시인은 자신을 인식하고 현실을 바라보며 성장하는 폭넓은 자세를 보여준다.

  변신하며, 저항하며, 수긍하는 이 세 가지 모습은 결국 현대인이 살아가야하는 현실의 모습을 어떻게 자각하고 받아들이며 응전하는가의 문제, 곧 자아성찰적인 자성의 자세로 귀착된다고 볼 수 있다.

  이러한 시인의 시적 지향점은 「단정히 머리 빗고 타이 매고서」에 잘 나타나 있다. 이 작품은 젊은 청년 샐러리맨의 하루 일상을 비판적이면서도 긍정적인 입장에서 그려낸 역작이라고 할 수 있는데, 아침-점심-저녁의 하루 흐름을 시간의 경과에 따라 밀도 있게 표현하고 있다. 여기서의 도시인간, 특히 자신과 가족의 생계를 책임진 젊은 청년 셀러리맨은 조직이 원하는 "새벽형 인간"이 되어 "차가운 물질 세상에 고가로 나를 팔"아야만 하는 존재이다.

    도전의식으로 넘치는 새벽형 인간이어야 해
    지난밤 좀비의 습격으로 밤새 가위 눌리고
    영원히 풀리지 않는 뻘건 리비도에 사로 잡혀
    반쯤 뜬눈으로 밤을 지새워도
    아침 여섯시

엄마의 자궁 같이 포근한 이불을 박차고 일어서
차가운 물질 세상에 고가로 나를 팔러 나간다.
단정히 머리 빗고 타이 매고서
 -「단정히 머리 빗고 타이 매고서」 전반부

 힘들더라도 새벽같이 일어나 대도시 삶의 현장으로 나아가야만 하는 젊은 청년 또는 가장의 삶을 진솔하게 그려낸다. "지난밤 좀비의 습격으로 밤새 가위 눌"리더라도, "영원히 풀리지 않는 뻘건 리비도에 사로 잡"혀서 밤을 지새워도 삶은 그에게 휴식을 허락하지 않는다. "단정히 머리 빗고 타이 매고서" 모범 직장인이 되어 출근해야하는 것이다. 이 표현 "단정히 머리 빗고 타이 매고서"는 <저녁>부분 맨 마지막에서도 "도전의식에 넘치는 새벽형 인간이 되"어서, "멋진 원형강의실에서/유명한 사람의 강의를 듣고 있는 내가 보인다" 다음 대목에도 반복함으로서 시작의 짜임새를 더하며 성공하기를 바라는 상징적 표현으로 사용하는 시인의 재치가 돋보인다..

몸짓 하나 목소리 한마디
조금도 감추거나 포장 할 수 없이 발가벗겨진
나도 먹이사슬의 꼭대기에 있는 맹수이고 싶다
 -「단정히 머리 빗고 타이 매고서」 중반부

도시에서 젊은 청년의 직장생활은 "사나운 짐승들의 눈이/ 먹잇감의 치명적인 허점을 노리고 있는 야생의 초원"과도 같은 엄밀한 생존질서 속에 자리 잡고 있다. 치열한 경쟁을 유도하고 거기에 적응하는 자만이 살아남는 적자생존 속에서 좌절하지 않고 변신하며 끊임없이 노력하는 자아의 모습이 "먹이사슬의 꼭대기에 있는 맹수"로 희구되고 있는 것이다. 이러한 인식은 「나무」라는 작품에서는 수많은 가지가 되어 피어나기도 한다.

    수맥이 오그라진 혈관을 열고 올라가
    나무가 된다.
    하늘로 뻣치고 서서
    흔들리지는 않지만
    아무도 모르는 나의 우울이
    수많은 가지되어
    끝없이 피어난다.
     - 「나무」 후반부

"같이 있었지만 혼자"일 수밖에 없고 "갈 수 없었고 오지 못했"지만 하늘로 치솟는 나무의 기개를 통해 자신의 의지를 형상화시키고 있는 것이다.

한편 「청년」이라는 작품에서는 "내 키가 1미터도 안되던/ 어린 시절로 돌아가/ 기성의 쇠사슬을 빠져나오거나/ 머리 빠지고 배 나와도 훌쩍 큰 어른이 되어/기성의 쇠사슬을 끊어 벗어나고 싶"다고 얘기한다. 일탈을 통한 변신을 꿈꾸고 있는 것이다. 이러한 변신은 대도시의 청년을 둘러싼 현실이 그리 밝지 않다는 점에서 기인한다. 현실은 늘 시인을 무겁게 가라앉힌다. 어둠이 연속될 뿐 섭사리 평안함을 허용하지 않는다. 그렇지만 중요한 것은 시인은 청년을 이러한 현실에 결코 안주하지 않게 한다는 점이다. 이러한 숨 막히는 현실 공간에서 시적자아가 갖는 기본적인 생각은 무엇인가.

다시 또 어둠이 내리고
사람들은 시스템의 부속이었던 하루에서 해방된 기쁨에
거리로 쏟아져 나온다.
잘 닦여져 기능하는 부품이 아닌
살아있는 인간이라는 것을 확인 하려는 듯
해방인간들은 밤이 깊어져 날이 바뀔 때까지 술을 먹는다
 - 「단정히 머리 빗고 타이 매고서」 후반부

말하자면 사람들은 "시스템의 부속"이거나 "잘 닦여져 기능하는 부품"이다. 그리고 그것들은 다 "파노라마로 펼쳐지는 수많은 장승과 말

뚝들"같은 사물에 불과한 존재들로 나타난다. 거대한 사회의 작은 조립부품으로 현대인을 보고 있지만 그들 또한 살아있는 인간이라는 휴머니즘 정신이 결국 그의 시의 기본적인 기저자질을 형성하고 있다고 볼 수 있다.

> 봄을 기다려온 노란 개나리는
> 아무 길가에나 제 멋대로 피어버리고
> 반가움에 미쳐버린 백목련은
> 하얀 꽃폭탄을 수 없이 터트리지만
> 기다림에 목이 묶인 도시인간은
> 기다란 목을 휘청거리며
> 나올 수 없는 도시의 미로를
> 오늘도 무심하게 걷는다.
> 끝없는 기다림의 끝을 찾아서
> 기억마저 잃어버린 사람이 되어
> -「고도」 후반부

고도의 후반부에도 터질 듯이 마음대로 표현하는 자연의 모습과 "기다림에 목이 묶인 도시인간"의 기다림을 비스듬한 시각에서 포착해낸다. 이 비애감은 「누이」에서 "정신대라는 이름의 노예가"된 누이를 생각하며 "나는 너를 지켜 주지 못한 오라비/ 분노도 슬픔도 가질 자격이 없어/ 벗어 고향 강물에 던져버리고/ 너를 위해 버릴 목숨하나 가져와/ 남의 나라 군인이 되었"다는 결기로 나타난다.

  현실에 대해 다소 비판적인 자세를 취하는 시인의 자세는 자아성찰적인 자성을 시간을 통해 자신을 인식하고 현실을 수긍하며 긍정하는 폭넓은 자세로 변하고 있음이 주목된다.

    등껍질같이 나를 감싸주지만 내게 매일 고독을 주사하는 곳
    언제나처럼 침대하나 책상하나 식탁하나
    셋이서만 나를 맞아주었다
    친구도 애인도 같이 하지 못하는 오직 나만의 시간
    내가 만든 이 외로움이 매일 밤 유령처럼 나를 감싼다.
    - 「단정히 머리 빗고 타이 매고서」 후반부

  "친구도 애인도 같이 하지 못하는 오직 나만의 시간"을 통해 시인은 자신을 성찰하는 시간을 비로소 갖게 된다. 이 혼자만의 시간은 외로움을 가져오지만 동시에 자신의 존재에 대한 성찰을 가져온다.

    사각형의 한 점이
    떠나고 나면
    삼각형

삼각형의 한 점이
사라지고 나면
선분

선분의 한 점마저
가고나면
그냥 점 하나

그 점하나
하얀 백지위에서
없어진 점들이 그리워 그리워

하얗게 하얗게
사라져 간다
페이드 아웃 한다
 -「순리」 전문

 "사각형→삼각형→선분→점"으로 이어지면서 사라지는 존재가 바로 인간인 것이다. "선분의 한 점마저/가고나면/그냥 점 하나"로 남는 인간 존재를 그리워하며 따뜻하게 수긍하는 자세를 보여주고 있는 것이다.

요컨대 모두에서 얘기했듯이 서강석 시인의 문학적 지향점은 크게 세 가지의 모습을 보여주고 있는데 변신하며 노력하는 자아의 모습, 현실에 대해 거부하고 저항하는 비판하는 모습, 현대인의 우울한 고독과 순리에 적응하는 모습이라고 볼 수 있다. 시인은 결국 이러한 변신하며, 저항하며, 수긍하는 모습을 통해 자아성찰적인 자성을 불러오고 현실을 수긍하며 포용하는 폭넓은 자세를 보여주고 있다.

 마지막으로 한 가지를 첨언하고자 한다. 시를 이끌어 가는 차분함과 묘사력이다. 단정하면서도 주제를 직조해나가는 능력이 탁월하다는 점이다. 또한 시인의 묘사력은 치밀하다. 이를 테면 새벽에 일어나기 싫어하는 샐러리맨을 묘사하는데

> 육신은 무의식의 심연에서 의식의 수면 위로
> 얼굴을 내밀지 못하고 있어.
> 깊은 바다에서 급히 올라와
> 피 속에는 질소가 가득 찬 잠수병 환자처럼 천근만근
> 이불 요가 고압산소 쳄버였으면.
> - 「단정히 머리 빗고 타이 매고서」 전반부

잠을 못이기는 혼몽한 상태를 "질소가 가득 찬 잠수병 환자"에 비유

하고 침구를 "고압산소 쳄버"로 비유한다. 동원되는 단어들이 이질적이면서도 확장은유의 성격을 가지고 있어 고밀도의 비유라는 것을 알 수 있다. 이러한 치밀한 묘사력은 시의 가장 중요한 요소인 긴장을 유지해주고 탄력감을 부여해준다. 앞으로 이러한 장점을 살리고 동시에 시인이 가지고 있는 비판 정신과 자아성찰의 자세를 잘 살려나가면 한국 시단에 좋은 시를 쓰는 큰 시인이 되리라 생각한다.

이지엽 (경기대학교 국어국문학과 교수·시인)

목 차

- 시인의 말 · 7

- 서강석 시인의 시세계 · 10

- 제1부 도 시
  - 단정히 머리 빗고 타이 매고서 · 26
  - 누 이 · 34
  - 고 향 · 40
  - 타 향 · 42
  - 고 도 · 44
  - 동 천 · 46
  - 도 심 · 48
  - 석 양 · 50
  - 빌 딩 · 52
  - 야 경 · 54
  - 기 억 · 56
  - 가락시영 · 58
  - 타 워 · 60

제설	62
다리	64
명품	68
아빠♥	72
세월	76
원두	78
생얼	80
소통	82

제2부 젊음

나무	86
번뇌	88
청년	90
사원	92
나는	94
주말	96
핸편	98
춘목	100
출근	102
병가	104

차도남	▪ 106
풍경	▪ 108
유학	▪ 110
99년형	▪ 112
청첩1	▪ 114
청첩2	▪ 116
결혼	▪ 118
촛불	▪ 120
태극기	▪ 122
껍데기가 가면	▪ 124

제 3 부 사 랑

운명	▪ 128
사랑	▪ 132
연정	▪ 136
만남	▪ 138
바람	▪ 140
첫정	▪ 142
연분	▪ 144
사김	▪ 146

무 정	▪ 148
드 림	▪ 150
천 둥	▪ 152
봄 날	▪ 154
땡 볕	▪ 156
하 늘	▪ 158
회 상	▪ 162
동 백	▪ 166
화 분	▪ 168
부 모	▪ 170
애 수	▪ 172
순 리	▪ 174

🍋 **서강석시인의 자전적 시론** ▪ 176

서강석시인 등단 문예지 열린시학 제68호
- 서강석시인 등단시 5편   ▪ 187
- 등단 심사기   ▪ 188
- 수상소감   ▪ 190

제1부
도 시

단정히 머리 빗고 타이 매고서

아침

아직은 새벽
육신은 무의식의 심연에서 의식의 수면 위로
얼굴을 내밀지 못하고 있어.
깊은 바다에서 급히 올라와
피 속에는 질소가 가득 찬 잠수병 환자처럼 천근만근
이불 요가 고압산소 쳄버였으면.

어느 여자가 나의 근육을 탐하고 있어.
나도 나의 등 근육을 훤하게 볼 수 있었지
잘 발달된 척추기립근과 광배근이
등뼈를 타고 양쪽으로 고속도로처럼 뻗어 있는
그런데 여자는 나의 근육을 애무하는 것이 아니라
판매 광고를 하고 있는 거야
"근육의 색깔과 모양이 너무 고급스럽지 않아요?"
몸에 잘 붙은 원피스가 인상적인 쇼호스트였어.
우아한 나신의 애인인줄 알았는데

도전의식으로 넘치는 새벽형 인간이어야 해
지난밤 좀비의 습격으로 밤새 가위 눌리고
영원히 풀리지 않는 뻘건 리비도에 사로 잡혀
반쯤 뜬눈으로 밤을 지새워도
아침 여섯시
엄마의 자궁 같이 포근한 이불을 박차고 일어서
차가운 물질 세상에 고가로 나를 팔러 나간다.
단정히 머리 빗고 타이 매고서

점심

파노라마로 펼쳐지는 수많은 장승과 말뚝들
마을버스 내려 지하철 또 지하철 갈아타는
순례길 같은 출근길에 나만 혼자 인간이었어.
언제 그것들이 귀신으로 변해
나를 덮칠지 쪼금은 무서웠지만
대도시의 소음은 차라리 나를 편하게 해줬지
스마트폰 이어폰을 꽂았어.
영어가 귀로부터 뇌에 바로 프린트 되어버리라고
렛즈토킹어바웃커런트화이낸셜크라이시스...
메이져컴퍼니즈스타트레이오프시리어슬리...

사나운 짐승들의 눈이
먹잇감의 치명적인 허점을 노리고 있는 야생의 초원
몸짓 하나 목소리 한마디
조금도 감추거나 포장 할 수 없이 발가벗겨진
나도 먹이사슬의 꼭대기에 있는 맹수이고 싶다
아무 곳 에서나 배를 들어내고 눕는 사자나
지 편한 곳에 지 편한 데로 내려앉는 독수리처럼

갑자기 불이 켜지고, 보스가 말한다 "잘 된 거 같은데"
나는 이제 가젤이나 임팔라가 아니라 얼룩말이 되었다
조금은 잡아먹기 어려운

먹어야 한다 혼자서라도
매일 하면 되는 일상의 숙제가 아니라
피하고 싶지만 피할 수 없는 내 삶의 시험들
혈관을 타고 뇌수까지 흐르던 기를 모두 쏟아 낸 지금
얼마 전까지만 해도 살아있었던 고기를 먹는다.
아무런 제의도 없이 너를 죽이고
너의 죽음을 통해 나는 다시 살아난다.
이 시끄러운 도시의 오후
장승같았던 말뚝 같았던 비인간들이
말할 줄 알고 화색이 있는 인간들로
꽃처럼 피어난다.

저녁

대지가 뜨겁게 토해냈던 태양이
붉게 끌어내려지고 있다
한 시간에 천육백 킬로로 빙빙 도는 지구는
아침이면 왼손으로 태양을 던져 올리고
저녁에는 오른손으로 태양을 받아 뒤꽁무니에 감추고서
일초에 삼십 킬로의 속도로
끝도 끝도 없이 깊고 깊은 검은 공간으로 줄행랑을 놓는다.
다시 또 어둠이 내리고
사람들은 시스템의 부속이었던 하루에서 해방된 기쁨에
거리로 쏟아져 나온다.

잘 닦여져 기능하는 부품이 아닌
살아있는 인간이라는 것을 확인 하려는 듯
해방인간들은 밤이 깊어져 날이 바뀔 때까지 술을 먹는다
도시의 불빛들도 피곤해하며 하나둘 꺼져갈 때
귀소본능에 인도되는 병든 비둘기처럼 갈지자로 돌아왔다
등껍질같이 나를 감싸주지만 내게 매일 고독을 주사하는 곳
언제나처럼 침대하나 책상하나 식탁하나

셋이서만 나를 맞아주었다
친구도 애인도 같이 하지 못하는 오직 나만의 시간
내가 만든 이 외로움이 매일 밤 유령처럼 나를 감싼다.

오늘 하루의 일상들이 영화가 되어
뇌 속의 스크린에 펼쳐진다.
유체이탈한 사람처럼 관객이 되어
내가 나를 바라보는 시간
가끔은 미소도 지어지지만
배우는 미숙하기 그지없었고
관객은 부끄러워 서둘러 잠을 청한다.
성공하기를 원하시나요?
도전의식에 넘치는 새벽형 인간이 되세요.
멋진 원형강의실에서
유명한 사람의 강의를 듣고 있는 내가 보인다
단정히 머리 빗고 타이 매고서.

단정히 머리 빗고 타이 매고서

✽ 단정히 머리 빗고 타이 매고서.. 새벽시간에 찾아온 예쁜 여인의 꿈을 억지로 깨고 일어나야하는 젊은 청년의 출근 아침은 왜 그리도 힘든지요.. 그러나 엄마의 품속 같이 포근한 이불로 상징되는 편안한 현실을 박차고 나와서 이 정글 같은 대도시에서 살아남는 승자가 되기 위하여 혼신의 노력을 다하는 청년은 아름답습니다. 시간을 아껴서 공부하고 멋진 프레젠테이션으로 회사의 인정을 받은 청년은 점차 자신에게 아무런 관심도 없던 말뚝 같은 장승같은 도시사람들도 화색이 있는 인간들로 볼 수 있게 성장합니다. 대도시의 한 부품 같은 소외와 고독의 느낌은 술 한 잔하고 혼자만의 공간인 원룸에 들어왔을 때 극대화 되지만, 꿈속에서도 도전의식에 넘치는 새벽형 인간이 되어 단정히 머리 빗고 타이매고서 성공하기를 원하는 도시의 청년! 이러한 청년들의 꿈이 반드시 이루어지기를 바랍니다. 청년이 성공하기 위하여 가져야하는 5대 성품인 '도전의식', '창의성', '학습', '열정', '인성'을 다 가지고 있어도 기성의 사회가 그러한 청년을 알아봐주고 역량을 발휘할 수 있는 공간을 주지 못해서 청년이 좌절한다면 참으로 안타깝고 기성세대의 죄가 너무도 크기 때문입니다.

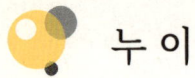 ## 누이

마당 문 열고 나가면 개울
그 건너 부엉이 울던 앞산에
해질 때 까지 뛰던 우리 아이 시절이
지금도 판화가 되어 그 자리에 박혀있고

도회지 산동네 긴 계단 길
가방 끼고 학교 가는 날 아침
손을 잡고 급히 뛰던 우리 모습이
지금도 벽화가 되어 그 담벼락에 붙어 있어

가난했지만 부족하지 않았고
아직은 젊으신 부모와
첫사랑 같이 다정하던 너와 나 오누이
기억은 깃발이 되어 뇌수에 펄럭이는데

너는
싱가포르 부키티마
일본군 지부네 위안소에 있다
정신대라는 이름의 노예가 되어

나는 너를 지켜 주지 못한 오라비
분노도 슬픔도 가질 자격이 없어
벗어 고향 강물에 던져버리고
너를 위해 버릴 목숨하나 가져와
남의 나라 군인이 되었다

빼앗긴 누이를 찾으려 푸르게 벼린 총검이
차가운 대륙의 달빛에 반짝이는데
먼 산의 부엉이 소리가
너의 목소리 되어 들려오고
나의 눈가에는 이슬이 떨어진다.

✽ 누 이.. 이 시의 시적자아는 식민지 조국을 떠나 일제와 싸우기 위해 남의 나라 군인이 되어서 차가운 겨울밤에 총검을 들고 보초를 서는 청년입니다. 멀리서 들려오는 부엉이 소리는 싱가포르에 정신대로 가있는 누이와 어릴 때 고향집에서 같이 듣던 소리입니다. 그 소리는 어린 시절 누이와 같이 개울가 앞산에서 뛰어 놀던 기억, 조금 커서 도회지로 이사 나와 누이와 같이 교복 입고 학교 가던 기억, 아직은 젊으셨던 부모님과 행복했던 기억들을 불러일으키고 청년의 눈가에는 눈물이 흐릅니다. 빼앗긴 누이를 되찾기 위해 자신의 목숨을 내놓은 청년은 가정파괴범 일제에 대하여도 분노하거나 원망하지 않습니다. 힘이 없어 누이를 빼앗긴 나는 분노를 가질 자격도 없다고 고향 강물에 모든 분노와 원망을 던져버립니다. 내 나라에 힘이 없다면 남의나라 군인이 되어서라도 누이를 되찾겠다는 결연한 지사적인 의지만을 가지고 총검을 푸르게 벼립니다. 이 청년은 드디어 누이를 다시 찾았습

단정히 머리 빗고 타이 매고서

니다. 식민지 조국이 해방되고 70여년이 지난 지금 과거와는 비교조차 불가능한 민주주의와 번영을 이룬 우리나라입니다. 이제는 두 번 다시 못난 나라가 되서 목숨 바쳐 찾은 누이를 또 빼앗기지 말아야하겠습니다. 우리의 누이를 뺏어갔던 일본을 탓하고 원망하고 욕하기만 할 것이 아니라 약육강식의 시대에 나약하고 병든 초식동물의 모습으로 아무런 대비도 못하고 있던 우리의 부족함을 자책하고 반성하기를 바랍니다. 그래서 우리나라가 더욱 수준 높은 나라, 평화를 사랑하는 힘 있는 나라가 되어 우리의 누이들을 지키고 우리의 자존을 지키고 우리의 후손들이 더 큰 번영을 이루길 바랍니다.

# 고 향

시골길 산모퉁이
하얗게 핀 찔레꽃

어린 동생의 손을 잡고
긴 고갯길을 건너던

단발머리 소녀도
예쁜 하얀 찔레꽃

✽ **고 향..** 하얀 꽃잎에 빨간 열매의 찔레꽃은 중국으로 잡혀간 고려의 처녀 찔레가 오랜 세월이 흐른 후 부모와 자매를 그리워하며 고향에 왔으나 찾지 못하고 죽어서 그 마음은 하얀 꽃잎이 되고 목소리는 향기가 되고 흘린 눈물은 빨간 열매가 되어 온 산에 피게 되었다는 슬픈 전설을 가지고 있는 꽃입니다. 학교는 다니는지 아니면 집안일을 돕고 사는지 모르지만 단발머리 소녀가 어린 동생의 손을 잡고 긴 고개를 넘어 집으로 가고 있습니다. 보호자처럼 어린 동생의 손을 잡고 가지만 단발머리 소녀 또한 보호 받아야 할 어린 여자아이입니다. 찔레꽃의 하얀색처럼 순결한 아이이고 산길에 핀 찔레꽃처럼 약한 여자아이이기 때문에 '단발머리 소녀도 예쁜 하얀 찔레꽃'입니다.

타향

햇살이 눈부신 날
엄마 밭일 나간 사이
찔레꽃 소녀는
도시로 가버리고

네온이 반짝이는
어느 빌딩 지하에서
빨간 립스틱이 예쁜
들장미 처녀가 되었다

찔레꽃과 들장미
같은 꽃이지만
다른 이름
엄마는 소녀를 찾지 못하고

붉은 불빛 아래 짧은 치마
들장미의 눈이 붉어진 것은
짓궂게 받아 마신 술 때문이 아니라
엄마 좋아하던 찔레꽃 노래 때문이었어.

＊ 타 향.. 장미과 식물인 찔레나무에서 피는 찔레꽃의 다른 이름은 들장미입니다. 하얀색, 분홍색, 붉은색 찔레꽃 모두 들장미이지만은 주로 하얀색 꽃은 찔레꽃 붉은색 꽃은 들장미라고 하지요. 예쁜 하얀 찔레꽃 같은 소녀는 엄마 모르게 도시로 떠나갑니다. 가난한 엄마는 소녀를 지켜주지 못합니다. 대도시에서 시골 산길의 찔레꽃 같은 단발머리 소녀가 스스로 살아갈 수 있는 곳은 거의 없습니다. 어느 빌딩 지하의 술집에서 하얀 찔레꽃 소녀는 붉은 들장미 처녀로 바뀌어 버립니다. 엄마는 딸을 찾으러 다니지만 변한 딸을 찾을 수가 없습니다. 소녀도 엄마를 그리워하지만 성공하기 전에는 엄마를 볼 수 없습니다. '찔레꽃' 노래는 엄마가 고향집 작은 툇마루에 걸터앉아 자주 부르시던 노래였습니다. 술집 어느 손님이 우연히 '찔레꽃' 노래를 부를 때 들장미가 된 찔레꽃 소녀의 두 눈에는 두고 온 고향집 엄마 생각으로 눈물이 흐릅니다. 자신의 의지와 관계없이 부족한 부모 밑에 태어나서 들장미가 된 많은 여성들이 사회의 편견 없는 관심을 받기를 바랍니다. 현재보다 더 나은 미래를 그리며 노력해서 좋은 부모의 보호를 받고 자란 그 또래의 다른 여성들과 똑 같이 행복한 삶을 살기를 기원하는 시인의 마음입니다.

 고 도

도시의 하늘위로
기러기가 길게 가로 지르는 것은
기다림을 융단폭격 하기 위해서다
나는 항상 기다려 왔다
너도 항상 기다려 왔다
빌딩에 막혀 좁아진 하늘아래
무표정한 사람들의
말없는 기다림은
퇴적암처럼
차곡차곡 쌓여간다

봄을 기다려온 노란 개나리는
아무 길가에나 제 멋대로 피어버리고
반가움에 미쳐버린 백목련은
하얀 꽃폭탄을 수 없이 터트리지만
기다림에 목이 묶인 도시인간은
기다란 목을 휘청거리며
나올 수 없는 도시의 미로를
오늘도 무심하게 걷는다.
끝없는 기다림의 끝을 찾아서
기억마저 잃어버린 사람이 되어

＊ 고 도.. 고독한 도시의 삶은 기다리는 삶입니다. 사람들은 돈 벌기를 기다리고, 승진을 기다리고, 애인을 기다리고, 버스를 기다립니다. 수많은 도시 사람들의 자신을 위한 끝없는 욕망과 기다림이 온 도시를 덮습니다. 사람들은 남에게 무표정하고 무관심해지고 좁은 도시하늘은 더욱 답답해집니다. 자기의 기다림만을 이루기 위해서 다른 가져야할 기억들을 잃어버리고 좀비처럼 도시의 미로를 분주히 걷습니다. 봄날 흐드러지게 핀 노란 개나리와 하얀 꽃폭탄을 터트린 백목련이 오히려 미안한 듯 사람들을 바라보며 도시의 한구석을 잠시 장식합니다.

 동 천

차가운 겨울
공기는 투명하게 맑다
햇빛은 화살이 되어
빌딩 유리창에 꽂힌다
길에는 무표정한 사람들

바벨탑 같은 빌딩
유리창이 비처럼 녹아내리고
속살을 밝게 드러낸다.
겨울 밤 하늘에는
처음 보는 오로라가 뜬다

높이 솟아 있는
밝은 불의 탑
그 위에 왕관처럼 씌워진
녹황적색 오로라
빌딩 사람들이 무심하게 말한다.

'어머, 내일 눈이 오려나봐'

✽ 동 천.. 모처럼 시베리아의 차가운 공기가 내려와서 도시의 겨울 하늘이 투명하게 맑습니다. 스카이라인을 장식하는 도시의 빌딩들은 투명한 공기에 밝은 햇살을 받아 아름답게 빛나고 밤에는 불이 켜져 빌딩의 속살까지 다 드러나 더욱 멋지게 보입니다. 추운 겨울 하늘에 처음 보는 오로라까지 빌딩위에 떴습니다. 도시의 주인은 사람들이 아니라 오로라 왕관을 쓴 빌딩 같았습니다. 바쁘게 일하는 도시사람들은 건조하고 무표정했습니다. 신비한 오로라의 낭만과 환상에 대하여도 무관심합니다. 처음으로 도시하늘에 뜬 그 아름다운 오로라를 보고 말합니다. '어머, 내일 눈이 오려나봐', '눈 오면 안 되는데..', '어떻하지..', '클랐네ㅠㅠ' 등등..

 ## 도 심

길이 없어진다.
큰 길은 쭉 뻗어 가다가
하늘로 올라가고
작은 골목길은 꾸불대고 가다가
땅으로 들어가 버린다

빌딩은 천공의 성처럼
허공으로 떠오르고
도시의 길은
풀어 헤친 머리카락이 되어
사람들을 하늘로 땅속으로 끌고 다닌다

걸어 다니는 사람들은
모두 길을 잃었다
빌딩들만
자유롭게
하늘을 날아다닌다.

✽ 도 심.. 도시의 한복판 도심의 주인은 어마어마한 크기와 높이로 서있어 마치 허공으로 떠오르는 것 같은 빌딩들입니다. 사람들을 주눅이 들도록 지상으로 지하로 끌고 다니는 미로 같은 길들 입니다. 도시 사람들은 일상에 묻혀서 도심에서 길을 잃어버리고 자유를 잃어버립니다. 당당히 서있는 빌딩과 대로들만 무척이나 자유로워 보입니다.

 # 석 양

빌딩 서쪽 창가
한강으로 떨어지는 저녁 해
그 넓은 하늘을 뻘겋게 안고 갑니다

한 낮 중천에 떠있을 때에는
쳐다 보기도 힘들었습니다마는
지금은 위에서 내려다봅니다.

낮처럼 뜨겁지도 않고
작렬하게 눈부시지도 않지만
장엄하고 품위 있습니다.

서해로 가는 기러기들만 까만 점점이 되어
붉게 지는 늙은 해를
길게 가로질러 날아갑니다.

✻ **석 양..** 한강을 넘어서 서해로 지는 저녁 해는 크고 붉으며 장엄합니다. 온 서쪽 하늘을 모두 붉게 물들이고 사라져갑니다. 누구나 다 맨눈으로도 쳐다볼 수도 있게 하고 기러기도 마음대로 그 앞을 지나갑니다. 서해로 지는 해를 보면서 그를 닮은 위인이 있으면 좋겠다고 생각해봅니다. 한낮에는 작열하는 태양처럼 나라를 비추어 잘 이끌어주고 황혼이 되면 장엄하고 품위 있게 많은 사람들의 아쉬움을 받으며 사라지는 그런 위인을 보고 싶습니다.

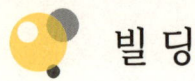 # 빌 딩

땅이 갈라지고
거대한 콘크리트 탑이
하늘로 솟아오른다.
유리가 쫙 둘러싸이더니
까마득하게 구름을 뚫고
도시에서 제일 높은
초고층이 된다.

골목길 아이들 뛰던 소리는
보도블록 밑으로 묻혀버리고
기와집 휘어 오르던 처마 선은
연기가 되어 사라진다.
키 큰 가로수가 보기 좋았지만
도시는 과거를 잃어버리고
사람들은 기억을 상실한다.

도시인간들은
짙은 먹구름 아래 웅크린 어깨로
바삐 종종 걸음을 걷는다
초고층은 저 높이 쫙 버티고 서서

강한 수직의 골바람을 불어 내린다
구름 위에서 내려다보면서
신인 듯 도시의 주인이 된다.

✵ 빌 딩.. 도시에 없던 초고층 빌딩들이 들어오고 있습니다. 잠실에는 섰고 삼성동에는 계획 중 입니다. 도시경쟁력의 상징이 되기도 하는 초고층 빌딩은 까마득히 높게 솟아서 거대한 도시의 시스템이 되고 도시를 대표하는 랜드마크가 되어서 누구나 알아봐주는 도시의 주인이 됩니다. 빌딩 바람을 맞으며 그 앞을 오가는 도시사람이 한없이 작아 보입니다.

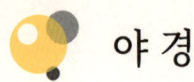

야 경

잿빛 도시하늘 아래
미끈한 빌딩들이
몸매를 마음껏 자랑하고
근육질 멋진 차들은
빌딩 밑을 들락거린다

가을 하늘에
둥근 달이 떴다
빌딩은 달빛을 받아
더욱 번쩍이고
차들은 지붕에 달을 이고 나온다.

사람들은 웅크린 어깨를 하고
지하철 출입구 번호에 따라
땅 속으로 사라져 들어갈 때
달빛만 빌딩 그림자를 길게 남기며
길가에 하얗게 쏟아져 내린다.

✲ **야 경..** 도시의 밤은 아름답습니다. 화려한 불빛으로 치장한 미끈한 몸매의 빌딩들과, 멋진 조명으로 장식하고 강에 쭉 엎드린 긴 다리들이 보기 좋습니다. 빌딩 밑을 들락거리며 환한 가로등을 끼고 길게 뻗은 도로를 오가는 근육질 힘 좋은 차들이 도시의 불빛을 받아 더욱 멋지게 번쩍거립니다. 아름다운 도시의 밤에 도시의 주인인 사람들은 돋보이지 않습니다. 야경이 없는 지하로 지하로 내려갑니다. 흔들리는 지하철에서 서로의 어깨를 부딪치며 무심하게 집으로 돌아갑니다.

기 억

느티나무들이 쫘아악 늘어서 있다
아이들은 깔깔대며 뛰어다니고
차는 황토 먼지 날리며 털털대고 길을 달린다.

동박새 살던 나무들이 싸아악 잘려나간다
황토 길은 넓어져 검은 색으로 덮이더니
사거리는 솟구쳐 올라 고가가 된다.

차들은 쌔앵쌩 달린다.
구조물은 거대하게 서있고
도시의 동박새와 아이들은 사라진다.

세상이 화아악 달라진다.
고가도로를 때려 부셔라!
오래된 고가는 힘없이 주저앉았다.

사람들은 씨이익 웃는다.
어때요 주변이 환하고 시원해졌죠?
훨씬 좋아졌다고 한다.

그러나 그 자리
오래된 느티나무는 없어지고
동박새와 아이들은 돌아오지 않는다.

∗ 기 억.. 도시의 길도 옛날에는 포장되지 않은 황톳길들이 있었습니다. 도시 아이들도 시골 아이들처럼 황톳길에서 털털대고 가는 낡은 차 뒤에 운전수 몰래 매달려가며 깔깔대고 놀았습니다. 도로가 포장이 되고 사거리에는 고가도로가 놓였습니다. 차들의 속도는 빨라지고 길에서 뛰어 놀던 도시아이들도 사라졌습니다. 요즘은 도시의 고가도로들을 전부 철거합니다. 철거하고도 교통의 흐름은 별로 차이가 없습니다. 주위환경이 환해지고 더 좋아졌습니다. 차도 요즘처럼 많지 않던 시절에 고가도로를 왜 놓았는지 궁금합니다.

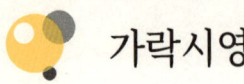 가락시영

오 층짜리 아파트
백 삼십 사 개 동 육천 육백 가구
열 평 에서 열여덟 평

한 가락 하지 못하는
서민들이
삼십년 넘게 살아왔다

단지 내 나무는 보기 좋게 무성한데
금값이 된 아파트엔
빨간색 가위표가 그려진다.

사람들 모두 나가고 삼년만 지나면
삼십 오 층짜리 팔십 사 개 동
구천 오백 열 가구 아파트

도시의 명품이 되어 쫙 서고
한 가락 하는 사람들이
한 오십년 들어와 살겠네.

＊ **가락시영..** 허허벌판에 뜨거운 물 펑펑 나오는 아파트가 육천육백가구나 들어서서 상전벽해라고 했습니다. 삼십년 만에 그 자리에 그 아파트보다 키가 여덟 배나 크고 넓이는 네 배나 넓은 아파트가 구천오백가구가 넘게 들어서니 또 다시 상전벽해입니다. 다만 거기 사는 사람들이 한가락 하지 못하던 서민들에서 한가락 하는 사람들로 바뀌겠지요.

# 타 워

하루가 다르게
키가 올라가는 저 거인

아래는 치마처럼
하얀 유리를 두르며

위로는 뻘건 철골을
착착 쌓아가면서

555미터 까지 자라는
한 마리 거대한 로봇

508미터 불암산
287미터 아차산
262미터 남산

모두 아래로 내려다보면서
하늘 높이 수직으로 빳빳이 선다.

✽ 타 워 ‥ 123층 555m 높이의 롯데월드타워는 두바이의 부르즈할리파(828m), 중국의 상하이타워(632m), 사우디 메카의 알베이트타워(601m) 다음으로 높은 세계 4위의 초고층 빌딩입니다. 삼성동에 현대에서 짖고자하는 글로벌 비즈니스 센터(569m)가 계획대로 완공된다면 2021년까지는 부동의 국내 1위 초고층 건물이지요. 반지의 제왕에 나오는 모르도르의 운명의 산 옆에 있는 사우론의 성탑인 바랏두르처럼 갈라진 첨탑 사이로 사우론의 눈이 나올 것 같습니다. 제 사무실에서 월드타워가 훤하게 다 보입니다. 처음 착공할 때부터 하늘 높이 수직으로 서는 전 과정을 다 지켜보았습니다. 당당하고 자신 있게 빳빳이 서있는 모습에 고개 숙인 서울의 산들이 조금은 민망해 할 것 같다는 생각이 드는군요.

 ## 제 설

밤하늘에 하얀 눈가루
소리 없이 밤새 내릴 때에는
어느 시인의 말처럼
먼 곳에 여인의 옷 벗는 소리도 들리고
도시는
누구나 한번은 가보고 싶은
순록 뛰고 엘프 나오는 북유럽 동화나라

동트기 전에
화이버 쓴 남자들의 왁작 지껄한 소리와
페이로더 굉음과
사출기의 날카로운 회전음을 타고
하얀 가루 염화나트륨
눈꽃위에 살처럼 흩뿌려지면
순백의 요정은
도시의 대로변 양쪽으로
검은 시신이 되어 쌓인다.

아침이 되면
원시의 자연이 다녀간
침묵의 신화를 모르는
도시사람들은
무심하게 분주한 일상을 재촉하고
민낯의 검은 길은
햇빛으로 하얗게 화장을 한다.

＊ 제 설.. 도시도 폭설이 내리는 겨울밤에는 하얗게 눈을 뒤집어쓰고 잠시 순백의 동화나라가 되기도 하지요. 그러나 새벽이 오기도 전에 억센 남자들과 힘센 기계들이 내리는 눈에 약을 쳐 죽여서 도로 양편으로 밀어버립니다. 도시사람들은 지난 밤 전쟁을 알지 못합니다. 무심하게 다시 검게 드러난 아스팔트 도로 위로 출근을 재촉합니다.

 # 다 리

흑갈색 강물위에 푸른색 철골
멋진 다리위로
만원버스가 달린다.
가을 하늘은 시리도록 맑고
새털구름이 가볍게 떠있는 도시의 아침

거꾸로 돌린 필름처럼 철골 트러스가 분해되고
상판은 케이크처럼 잘려서 물 위로 떨어진다
만원버스 한 대와
다섯 대의 승용차가 허공을 날고
서른 두 명의 사람이 하늘로 올라간다

수학여행이나 같이 가야 할 세일러복 여고생
티 하나 없는 순결한 영혼들
돌아오지 못할 하늘 여행을 같이 떠난다
보고픔에 눈이 빠지고 슬픔에 눈물까지 말라버린
아버지도 스스로 딸을 따라 간다.

예쁘게만 빨리만 만들어진 다리는
관심도 보살핌도 받지 못했다
자기 몸을 부셔서 시위하여
삼 년 만에
푸른 강물 위에 주황색 철골트러스로 미끈하게 다시 서지만

까르르 웃던 여고생들,
곧 결혼할 젊은 회사원
목숨을 바친 서른 두 명은 잊혀졌다
얼굴도 이름도 기억하지 못하고
차들만 다리 밑 위령비를 무심히 스쳐간다

단정히 머리 빗고 타이 매고서

✽ **다 리..** 1994년 10월 21일 오전 7시 38분 성수대교 10번과 11번 교각 사이 상부 트러스 48m가 붕괴해 무너져 내렸습니다. 지나가던 버스와 승용차가 추락하여 남자 16명 여자 16명 모두 32명이 숨지고, 17명이 다쳤습니다. 아무런 죄 없는 학교가던 여학생들 출근하던 청년들이 목숨을 잃고 하늘로 올라갔습니다. 세월이 흘러 그들의 이름도 얼굴도 잊히고 차들만 새로 건설된 성수대교 위로 씽씽대고 다닙니다. 잔인한 도시의 재난이 무섭습니다. 누구의 책임인가요. 희생된 분들과 그의 가족들에게 너무도 안타깝고 죄송스런 마음입니다.

명품

오백 두 명이 죽고
구백 서른일곱 명이 다쳤다
여섯 명은 완전 분해되어
실종 처리

명품만 진열 하고
최고의 인테리어를 자랑하는 빌딩
이십 초 만에
무너져 버린다

누구나 소설 하나는 쓸 수 있는 사연이 있고
누군가에게 우주의 무게 같은 사랑을 받는 사람들
잔인한 탐욕의 무량판에 압착되어
슬픔만 남겨 놓고 사라진다

구년 만에 그 자리에
죽은 사람 수보다 훨씬 많은 아파트가 섰다
최고의(아크로) 전망을(비스타) 자랑하는
도시의 명품으로 쫙 진열되었다

누구는 아파트 지하 주차장에서
백화점 쇼핑백을 들고 있는 모녀를 봤다고도 하지만
오천 미터 떨어진 숲속에 세워진 작은 위령탑에 배회하고
밝게 빛나는 산자들의 공간에 오지 못했다

사람들은 탐욕과 비극의 장소를 잊어버리고
그 자리에 초고층 최고급 아파트는
마치 아무 일도 없었다는 듯이
모르는 척 시침 뚝 떼고 서 있다.

단정히 머리 빗고 타이 매고서

✽ 명 품.. 1995년 6월 29일 오후 5시 57분 강남의 명품백화점 삼풍백화점이 무너져 내렸습니다. 천오백명도 넘는 사람들이 쇼핑하고 장보던 저녁시간에 무너져 버렸습니다. 부실시공과 무리한 증개축, 붕괴 조짐에도 대처하지 않는 안전 불감증이 복합되어 우리나라 역사상 최악의 건물 붕괴사고이며 가장 큰 인명 피해를 안긴 재난이 발생하였습니다. 이 도시의 죄 없는 사람들이 502명이나 원두처럼 갈려서 죽고, 6명은 실종되었으며 937명이 다쳤습니다. 차라리 외적의 폭격으로 그렇게 많은 시민이 죽었다면 한바탕 복수의 전쟁이라도 해보겠습니다. 성수대교가 무너지고 일 년도 안 되어 다시 발생한 초대형 재난에 모두가 망연자실했습니다. 막을 수 있었던 인재였기 때문에 더욱 분노했습니다. 이제는 모두 잊어 버렸나요. 도시의 잔인함이 무섭습니다. 사고 후 구년 만에 그 자리에 선 최고급 초대형 아파트는 아무 일도 없었다는 듯, 아무 것도 모른다는 듯 시침 뚝 떼고 서있습니다.

 아빠♥

프란츠 카프카는 백 년 전에
가족의 생계를 책임지는
착한 영업사원 그레고리를
딱정벌레로 만들어 버렸지만
너희들은 오늘 우리를
물고기로 만들어 버렸다
더 이상 가족의 생계를 책임지지 못하는

이런 곳이 있는지
이런 날씨에 이런 일하는
이런 사람들이 있는지
이 도시의 누구도 알지 못해도
우리는 가족의 생계를 책임진 그레고리들
오 일 동안 쉬지 않고 내리는 장맛비 속에
한강변 지하 25미터
깊은 땅속으로 내려간다.

창호지 같은 차수 판이 찢어지고
무섭게 쏟아져 들어오는 물을 보면서
우리는 양쪽 턱 밑으로 붉은 아가미가 나오고
팔과 다리는 지느러미로 바뀌더니

커다란 멋진 물고기로 변하였다
지금은 한강을 나와 서해바다를 거쳐
이름다운 태평양 바다 속을 헤엄치고 있다
인간의 모든 욕망과 업에서 해방되어
신이 된 듯 행복하게

그러나 그날
한강물이 쏟아져 들어올 때
"아빠♥ 서울엔 비가 많이 온다는데 괜찮은 가융?"
걱정의 문자를 보낸 사랑하는 어린 딸과
남은 가족들의 생계는 너희가 책임져라
우리는 변신된 그레고리들
더 이상 그들의 생계를
책임지지 못하니까
보고 싶어도 이제는 볼 수도 없으니까

단정히 머리 빗고 타이 매고서

✽ 아빠♥.. 2013년 7월 15일 오후 5시 29분 한강변 노량진배수지 상수도관 부설공사장에서 작업 중이던 인부 7명이 유입된 한강물에 수몰되어 숨졌습니다. 닷새 동안 내린 비로 한강물의 수위가 높아졌지만 가족의 생계를 책임진 7명의 인부들은 한강변 지하 25미터로 내려가서 작업을 하였습니다. 숨진 남편의 아내는 "남편이 한강물이 넘쳐서 사고가 날 것 같다고, 일주일만 쉬면 좋겠다고, 그랬는데..새벽 5시에 그냥 일 나갔어요.." 하며 눈물을 쏟았습니다. 숨진 아빠의 딸은 사고 전에 "아빠♥ 서울엔 비가 많이 온다는데 괜찮은 가융?" 하며 문자를 보냈습니다. 가슴이 아픕니다. 그러나 제 시에서 그들은 죽지 않았습니다. 모든 업에서 해방되어 멋진 물고기가 되었습니다. 신이 된 듯 자유롭게 바다를 헤엄쳐 다닙니다. 아 그러나 그들은 가난해도 생계를 책임지며 사랑하는 가족들과 행복하게 함께 살고 싶었습니다.

 세 월

무슨 이름이
세월이더냐.

가면은 너 혼자 가지
그 많은 꽃 봉우리
다 떨구고 가더냐.

무엇 때문에
땅에 필 예쁜 꽃들이
차가운 바다로
다 져 버린단 말이냐.

하늘에 비바람 내리고
가슴에 피눈물 흐르니
시인도 더 이상
시를 쓸 수가 없다.

퀭한 눈으로 허공만 바라본다.

＊ 세 월.. 2014년 4월 16일 오전 8시 50분 진도군 조도면 부근 맹골수도 해상에서 세월호가 전복되어 침몰하였습니다. 승객 476명중 295명이 사망하고 9명은 아직도 시신을 수습하지 못하고 있습니다. 대부분이 제주로 수학여행 가던 고등학생들 이었습니다. 또 다시 순백의 죄 없는 어린 영혼들이 이처럼 한꺼번에 희생되다니요. 인간의 탐욕과 위선과 무능에 분노하고 허탈과 슬픔의 눈물이 흐릅니다. 시인의 눈에서 눈물조차 마르고 해가 지나도록 시 한 줄 쓰지 못했습니다. 3년 만에 세월호가 뭍으로 올라왔습니다. 세월호의 이름이 "세상(世)을 초월(越)한다"는 뜻이라나요. 배수량이 6,835톤에 전장 145m, 선폭 22m, 21노트의 속도로 최대 264마일을 운항한다는 여객화물선. 여객 정원 921명, 차량 220대 적재 가능, 화물 적재 한도 3,794톤이나 되는 큰 배가 왜 그리 쉽게 세상을 초월해 갔나요. 가면은 저 혼자 가지 그 수많은 꽃 봉우리 왜 다 데려갔나요. 그 잔인함에 소름이 돋고 또 다시 몸이 떨립니다.

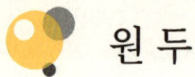 ## 원 두

도시에서는
커피냄새가 난다

한집 건너
무슨 벅스 무슨 베네 무슨 쿠치

뚜껑 달린 종이컵에
커피한잔 받아들고서

볶인 심신을 달래는
원두 알갱이 같은 도시인간들

✽ 원 두.. 도시에는 커피집이 많습니다. 도시사람들은 커피 한잔 들고서 각박한 도시에서 여유와 위로를 받습니다. 커피 원두를 보면 수많은 도시사람들이 생각납니다. 원두나 도시사람들이나 바글바글 숫자가 많습니다. 그리고 그냥 보면 거의 다 비슷하고 같아 보입니다. 그러나 원두도 도시 사람들도 자세히 들여다보고 모두 모양이 다르고 깊이 맛을 보면 차이가 납니다. 원두는 커피숍에서 갈아져 없어지지만 도시사람은 도시에서 절대로 갈아져 없어져서는 안 됩니다. 어떠한 도시의 재난도 도시사람을 갈아 없어지게 할 수는 없습니다.

 ## 생 얼

가면은
너무 무서워
아무리 예쁜 가면이라도

선한 얼굴
부드러운 목소리
달콤한 약속

세월이 가면
벗을 수 없게
얼굴에 붙어 버리고

자신마저도
가면이 자기의 생얼이라고
착각하지만

타고난 탐욕의 얼굴은
예쁜 가면 뒤에서
음흉한 미소를 짓는다.

✳ 생 얼.. 도시의 많은 사람들이 자기의 얼굴을 가린 가면을 쓰고 살아갑니다. 가정을 위해서 회사를 위해서 자기의 생각과 다른 표정을 지으며 살아갑니다. 그러나 힘 있는 많은 위정자들은 자신만을 위한 위선의 가면을 쓰고 살아갑니다. 선한 표정을 지으며 부드러운 목소리로 달콤한 말을 하면서 사람들의 마음을 사로잡지만 그 가면 뒤에는 타고난 탐욕의 얼굴이 숨어있습니다. 시간이 지나면서 자신마저도 그 가면이 자신의 본래 모습이라고 스스로 믿으며 아무런 죄의식도 없이 탐욕의 본성을 발휘합니다. 그들이 쓰고 있는 가면을 벗은 맨얼굴을 보고 싶습니다. 선한 이 도시의 사람들이 예쁜 가면을 쓴 위정자들을 분별하고 알아봐서 그들이 스스로 가면을 벗고 자기의 생얼을 드러낼 수 있도록 하기를 바랍니다.

소통

도시는 선이다!

도시는 면이야!!

도시는 공간이지!!!

도시는 계획이잖아!!!!

아니야!!!!!
도시는 정글이야 멍청아!!!!!!

✻ 소 통.. 세상 만물과 인간사는 한 가지 요인만으로 이루어지는 경우가 거의 드물지요. 수많은 요인들이 모여서 하나의 사물이나 하나의 현상을 만듭니다. 도시에서는 차선, 도시계획선 같은 선도 중요하고, 지역별 땅의 용도와 같은 평면도 중요하고, 어느 높이까지 올라가느냐 하는 입체도 중요하고, 미래의 계획도 중요하고, 정글 같은 삶의 현장으로서 현실도 중요합니다. 자기가 알고 있는 하나의 요인만 옳다고 강하게 주장한다면 소통이 될 수가 없겠지요. 진정한 소통은 자기가 아는 것만이 전부이고 정확하다고 주장하지 않고 남의 이야기도 들을 수 있는 여유와 관대함을 가져야 비로소 시작될 수 있습니다.

제2부 젊음

 나 무

겨우내 내린 눈이
하늘로 날아 올라가고
나는 흙을 파낸다.

밤에는 앙상한 가지에
초승달이 걸렸다

고독은 날카로운 바람이 되어
터진 껍데기를 휘감아 돌고
번뇌는 뜨거운 불길이 되어
깊은 핏줄을 태운다.

같이 있었지만 혼자였다
갈 수 없었고 오지 못했다
발가락을 깊이 땅 속으로 넣어본다

수맥이 오그라진 혈관을 열고 올라가
나무가 된다.
하늘로 뻗치고 서서
흔들리지는 않지만

아무도 모르는 나의 우울이
수많은 가지되어
끝없이 피어난다.

※ 나 무.. 잎이 다 떨어진 채 앙상한 가지만 하늘로 뻗치며 혼자 서 있는 겨울나무는 우울한 사람을 닮았습니다. 수많은 연두색 잎들이 온 몸을 덮고 예쁜 분홍색 꽃들이 피어나는 나무의 봄날을 기대합니다. 수많은 사람들이 찾아와서 아름답다고 칭찬하며 바라보는 그런 봄날을 어서 맞이하기를 기다립니다.

 ## 번뇌

맑은 공기가 탱탱 소리를 내고
파란 하늘은 쩡쩡 금이 간다.

하얀 산길에 칼날 바람이 불고
산사의 부도 위로 날아오는 독경소리는
눈이 되어 쌓인다.

심장을 꺼내어 햇볕을 쪼이고 싶다
나의 창백해진 얼굴은
차가워진 피 탓이리라

눈물은 흐르지 않았다
독경소리가 몸을 휘감아 돌고
저녁달만 외로이 나무에 걸린다.

＊ **번 뇌..** 탱탱 소리가 날 정도로 차갑고 맑은 겨울 공기를 마시면서도, 얼굴을 가르며 칼날 같은 눈바람이 부는 겨울산 능선을 걸으면서도, 끝없이 번뇌처럼 떠오르는 생각, 생각, 생각들.. 차라리 심장을 꺼내어 햇볕에 쪼여서라도 잊어버릴 수 있으면 좋겠어요.

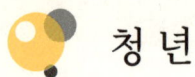# 청 년

젊음이 아름답다고
젊어서 참 좋겠다고
누구나 말들 하지만
내게는
젊음이
천형처럼 무거워
벗어나고 싶어

촘촘한 권위의 짓누름
차고 오를 수 없는 두꺼운 벽
원형경기장으로 던져진 검투사들처럼
목숨이 다할 때 까지 하는
젊은 너희들만의 무한경쟁에
피 한 방울 땀 한 방울 흘리지 않고 편하게
던져주는 공허한 환호와 허탈한 위로

내 키가 1미터도 안되던
어린 시절로 돌아가
기성의 쇠사슬을 빠져나오거나
머리 빠지고 배 나와도 훌쩍 큰 어른이 되어
기성의 쇠사슬을 끊어 벗어나고 싶어
아름답고 좋다는
이 젊음을 확 벗어 던지고서

＊ **청 년..** 청춘은 꿈도 많은 시기이고, 몸도 마음도 가장 아름다운 시기입니다. 그런데 청춘의 젊은이들이 차라리 그 좋다는 청춘을 확 벗어던지고 싶다면 너무도 슬픈 일입니다. 하늘의 별따기 같은 취업문을 통과하기가 너무도 어렵습니다. 취업하고 나서도 기성의 권위와 불합리에 자신을 적응시켜나가기가 너무도 힘이 듭니다. 이 좋다는 청춘이 아니라 부모님 밑에 있던 어린 시절로 돌아가거나 저 위의 나이 들고 높은 사람으로 미리 변신해 버리고 싶습니다. '아프니까 청춘이다'라는 그런 말은 위로가 되지 않습니다. 듣기 싫습니다.

# 사원

이렇게 순화된 젊음은
내가 만든 것이냐
네가 만들어 준 것이냐

낮고 조용한 목소리
부드러운 눈빛
터지지 않는 분노

너희들이 짜놓은
너희들의 세상에서
너희들의 선택을 받은 자

알바라는 직업으로
모태쏠로 되어 살지 않으려고
젊은 가슴속 마그마를

매일처럼 차가운 눈물로 식힌다

＊ 사 원.. 수백 대 일의 경쟁을 뚫고 좋은 직장의 정규직으로 입사한 신입 젊은 사원들, 선한 눈빛에 조용한 말소리, 모두 양처럼 순한 듯합니다. 그들의 가슴속 깊은 젊은 마그마가 용암이 되어 터져서 기성의 권위와 불합리를 태워버리고 더 아름답고 살기 좋은 세상을 만드는 멋진 청춘이 되기를 바랍니다.

 # 나는

지난 겨우내
감옥에 갇혔습니다.
벽은 차고도 두껍게
나를 눌러서
움직이지 못하게 하였습니다.
숨도 쉬지 못하게 하였습니다.

나는 이제
내 마음대로 갈 수 있습니다.
푸른 하늘과 꽃의 아름다움을 볼 수 있습니다
소리 내어 노래할 수 있습니다
하늘을 나는 새들의 기쁨을
나는 이제 알 수 있습니다.

자유는
화사한 봄꽃들과 같이 왔습니다.
나를 덮어 누르던 두꺼운 얼음은
노란색, 분홍색 꽃 색에 취해서 녹았습니다.
얼어붙어 누워 있던 나는
자유를 찾았습니다.

나는 이제
마음대로 흐를 수 있습니다.
나는 이제
알게 되었습니다.
나의 자유를 구속하던
그 차고 두꺼운 너도

결국 나였다는 사실을

＊ 나 는.. 봄이 되면 겨우내 얼었던 시냇물이 녹아서 소리를 내어 흐릅니다. 겨울 내내 나의 흐르는 자유를 구속하던 그 두꺼웠던 얼음도 이제 보니 나 자신이었습니다.

 # 주 말

빌딩 숲 총칼 없는 전쟁터
혼신을 다한 한주를 보내고 나면

새털처럼 가벼워진 몸으로
아무도 모르는 곳으로 날아가고 싶다

개울물에 발 담그고 기다리면
태곳적부터 거기에 살고 있는 원시의 여자

검은 눈동자를 반짝이며 나를 찾아와
아무것도 물어보지 않고

지금까지 나를 기다려왔다고 하면서
나의 이 모습 이대로 만을

영원히 사랑한다고 속삭여주는
그 곳으로 날아가고 싶다.

✽ 주 말.. 사랑하는 연인이 없는 청년은 정신없이 일하며 지내는 주중보다 혼자 있을 주말이 더욱 싫습니다. 금수저 이거나 내로라하는 직장이 아닌 경우라면 맘에 드는 상대는 마음을 주지 않습니다. 청년은 지금은 부족해 보여도 자신의 능력과 의지로 성공할 자신이 있는 사람입니다. 혼자 있는 주말에는 상상의 나래를 펴서 멀리 날아가 자신의 있는 그대로의 모습만을 바라보면서 영원히 사랑한다고 말해주는 싱싱한 원시의 연인을 만나봅니다.

 핸 편

무표정한 가면의 도시
서로가 서로에게 무관심한,

누구도 모르게 매일 매일
조금씩 변해간다.

순진한 초식동물의 목젖을 뜯으러
소리 없이 접근하는 암사자처럼

흙이 구르는 작은 모습도
보아야 한다.

풀이 밟히는 낮은 소리도
들어야 한다.

테세우스의 실과 같이
나를 지켜주는 도시의 호부

스마트폰을 잡는다.
도시의 미궁에서 길을 잃지 않으려고

＊ 핸 편.. 스마트폰 없이는 살 수가 없는 세상이 되었습니다. 스마트폰을 분실하면 자신의 모든 정보를 분실한 것과 같습니다. 사람들은 길을 걸을 때나 회의 중이거나 수업 중이거나 화장실에 갈 때에도 스마트폰을 놓지 않습니다. 스마트폰에 시선을 고정한 채 주변을 의식하지 않고 좀비처럼 걸어 다니는 스몸비(스마트폰과 좀비의 합성어)가 스마트폰 사용자의 약25%인 1,300만 명에 달합니다. 스몸비가 되어 길을 가다가 남의 어깨를 '툭'하고 부딪치는 것을 외국인들은 'Korean Bump'라고 한다지요. 우리에게 스마트폰은 도시라는 미궁에서 길을 잃지 않게 해주는 테세우스의 실과 같은 존재인가요?

# 춘 목

나무에 물고기가 산다.
가만히 귀대여 보면
나무속에 개천이 흐르고
물고기 헤엄치는 소리가 들린다.

옛 사람들도 알고 있었다
연목구어
나무에서 물고기를 구한다고

사람들이 산으로 올라와
나무에 호스를 대고
나무 속 강물을 말려버렸다
나무물고기 헤엄치는 소리도
더 이상 들리지 않는다.

연목구어
뜻도 변했다
어찌 나무에서 물고기를 구하랴.

＊ 춘 목.. 깊은 산 물 빠짐이 좋은 600~800m 고지에서 주로 볼 수 있는 고로쇠나무는 높이 20m 내외로 곧게 자라며 가지가 잘 퍼져서 보기 좋은 나무입니다. 해마다 봄이 오는 2월 말에서 3월 중순에 나무의 1m 정도 높이에 구멍을 뚫고 호스를 꽂아서 흘러내리는 고로쇠 수액을 채취하지요. 고로쇠 수액은 뼈에도 좋고, 위에도 좋고, 피로회복에도 좋다고 초봄만 되면 거의 모든 고로쇠나무에 구멍을 뚫어서 힘겹게 뿌리가 빨아들인 수액을 인간들이 빼앗아 갑니다. 다른 나무들은 모두 예쁜 연두색 아기 잎들을 펑펑 터트리는 봄이 오기만을 기다리고 있지만 고로쇠나무는 봄이 너무 싫을 것 같아요.

 ## 출근

지하철
수많은 사람이 타지만
철저히 혼자

눈빛 사나운 짐승
앙칼진 소리의 꽃뱀
맹수에게 잡힌 동족을
그저 바라만 보는 초식동물들

두 손을 앞으로 모아 잡고
문 앞에 바짝 붙어 선다.

지하철 문이 열리면
쏟아져 나오는 초식동물들
그 사이에 드문 드문
맹수와 뱀, 꽃뱀.

✽ 출 근.. 출근길 지하철 수없이 많은 사람들이 함께 타지마는 초식 동물처럼 약하고 순한 도시사람들은 앙칼진 뱀이나 사나운 짐승이 덮칠 때 자기를 지킬 수 없어 무섭습니다. 두 손을 앞으로 모으고 문 옆으로 바짝 붙어 서서 다른 사람들과 몸이 닿지도 않게 하고 눈도 마주치지 않게 합니다.

병가

사막을 걷는다.
보드라운 유방 같은 사구 위에
길게 발자국을 남기며
내가 살던 도시가 사막이 된 것인지
내가 사막으로 튕겨져 나간건지
기억을 휘저으며 간다.

불덩이 같은 몸을 근심스럽게 내려 보는
엄마가 보인다.
소리쳐 부르며 뛰어가지만
가까이 가지 못하고
목소리도 나오지 않는다
엄마는 말없이 어린 나를 안고 있다.

고열에 시달린 몸에 목은 타들어 간다
붉은 대추나무가 가을 하늘위에 빙빙 돌고
깊은 골에서 태곳적 발원한 샘물소리가 들린다
아이들은 잠자리채 들고 동산을 뛰었다
두 눈 양쪽으로 눈물이 흘러내린다
힘겹게 몸을 돌려 머리맡 생수병을 잡는다

✽ 병 가.. 독한 감기에 걸려 출근도 하지 못한 날 열은 펄펄 나고 몸은 두드려 맞은 것처럼 아픕니다. 간호하는 사람하나 없는 혼자만의 원룸에서 고열과 씨름하며 어릴 적 엄마를 꿈속에서 보기도하고 아이들과 개울물 흐르던 옛 동산을 뛰어 다닙니다. 두 눈으로 눈물이 흘러 내립니다. 내일이면 출근해야하기에 힘겹게 생수병을 찾아 목을 축입니다.

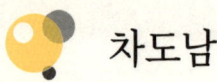 차도남

밤에는
울긋불긋
화장을 하는

도시는
화류계 여자

나만의 공간
원룸은

차분히
나를 기다리는
현모양처

오늘 하루
빌딩에서
씨름에 지친
차도남은

현모양처를
잊어버리고

밤이 늦도록
화류계 여자의
품속을 헤맨다.

＊ **차도남..** 차가운 도시의 남자 차도남. 열심히 하루의 일과를 마치고 나서 현모양처처럼 자신을 보호하는 집으로 바로 돌아가지 않습니다. 화류계 여자처럼 울긋불긋 조명이 화려한 도시의 밤거리를 늦도록 헤매다 갑니다.

 풍경

삐쩍 마른 전봇대
전깃줄, 통신선, 유선케이블
제 멋대로 엉키어 거미줄 친 도시의 뒷골목
치킨집, 중국집, 분식집 간판사이
이태리식당 멋진 간판이 뜬다
'토스카나 정통요리, 일 키안티'

유학 다녀 온 젊은 주인
토스카나 피렌체를 빛낸
위대한 예술가 미켈란젤로,
뛰어난 문학인 단테,
천재 과학자 갈릴레오 사진을 걸고
식당 문을 멋지게 연다

버터 향 요리 냄새가 맛있지만
골목동네 사람들은 들어오지 않는다
'일 키안티'는 먼 뜻이고?', '음식 가격이 안 개안티?'
도시의 뒷골목 멋진 간판이 내려오고
빨리 만든 동네간판이 뜬다
'신속배달! 차칸피자!'

✽ 풍 경.. 사람의 하는 일이 사람의 뜻대로만 되지는 않는 것 같습니다. 좋은 역량과 의지를 가지고 있어도 하려는 일이 잘 이루어지려면 시간적으로 도모하는 시기가 맞아야하고 공간적으로 주위의 환경이 잘 맞아야 성공할 수 있습니다. 그런데 그 시간과 장소를 잘 선택하는 것 또한 사람의 뜻 아닐까요.

 # 유학

어느 빌딩 밑 큰길가에서 형님을 본다
웃고 있다.
보기 좋은 얼굴에 서류 한 장 들고서
유학을 간다고 했다
공부하러 멀리 떠난다고
항상 공부에 목말라 했던 형님
이제 할 일을 다 했으니 유학을 간다고

눈물이 흘렀다
그렇게 멀리 가면
언제 보나요
웃고 있다.
아무런 말씀도 없이
바라만 보고 있다

먼 곳으로 유학 떠난지
벌써 칠 년째
하고 싶은 공부는 실컷 하고 계신가보다
아주 가끔씩
내게 얼굴을 보이신다.
먼저 가신 어머니 아버지는
잘 보이시지도 않으시는데

* 유 학.. 형님이 있었습니다. 어려운 집안의 장남이 되어 어려서부터 집안을 건사하였습니다. 항상 하지 못한 공부에 목말라 했습니다. 검정고시로 고등학교과정을 마치고 방송통신대학을 졸업하였습니다. 대학원에 진학하여 석사학위 까지 받았습니다. 장기 깊숙한 곳에 병을 얻어 투병하였으나 환갑도 되지 않은 나이에 아이 둘과 아직은 젊은 처를 두고 세상을 떠났습니다. 제게 나타나셔서 유학을 갔다고 하십니다. 장남으로 짊어졌던 멍에를 모두 벗어버리시고 멀리 계신 곳에서 하고 싶으신 공부만 실컷 하시고 계신 것 같습니다.

# 99년형

넓고 긴 내 삶의 대로에서
수 없이 많이 같이 가지만 항상 혼자였다
모습은 거의 같아도 서로 알지 못했다
대화도 눈인사도 없었다.
같은 길을 가면서
동료는 없이 늘 적만 있었다.
언제 악마처럼 나를 덮칠지 몰랐다

어느 놈은 크고 잘 생겨 비싸게 굴었다
잘못 건드리면 나를 팔아야 했다
항상 좌우를 살피며 조심해 다녔다
길 아니면 다니지 않았고
밤에는 두 눈에 불을 밝히고 다녔다
잘못되면 온 몸이 분해되고
길거리의 구경거리가 되었다.

갑자기 소리를 지르며
한 녀석이 옆구리로 파고든다.
몸을 돌려 피하면서 급히 선다.
놀란 심장이 부르릉 거린다.

99년형 늙은 자동차는
두 줄기 와이퍼로
이마에 흐르는 식은땀을 닦는다
싹싹 소리가 난다.

✽ **99년형..** 조금 오래된 99년형 자동차가 간신히 사고를 피해서 길가에 서있습니다. 시인의 서정자아가 99년형 낡은 자동차에 투사되어 동일화 됩니다. 둘의 살아온 인생이 같아집니다.

 ## 청첩1

오랫동안 꾸어오던 꿈이
이제 이루어집니다

나이 먹어 어른 되어도
꿈으로 남아있는

어릴 적 마음을 뺏어간
만화 속 여자아이

흑백의 배경을 뚫고
칼라의 모습으로 튀어나와

둘이 함께
붉은색 푸른색 날개를 달고서

영원히 같이하는 부부가 되어
행복한 가정을 이루고자 합니다

부디 오셔서
축복해주시고

빛내주시길
소망합니다.

✳ 청첩1.. 아름다운 여자를 만났습니다. 그 옛날 어린 시절 나의 마음을 사로잡았던 만화 속의 여자아이. 오랜 세월이 지나 서로 어른으로 커서 이렇게 만날 줄 몰랐습니다. 예식장을 잡고, 둘만의 커플 반지를 사고, 드레스와 예복을 맞추고, 양가의 부모님도 다 찾아뵈었습니다. 우리 둘 이제 영원히 함께 사는 부부가 되려고 합니다. 오셔서 축복해주세요.

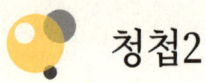 ## 청첩2

아이를 낳아 기르고
세월이 흐르니

어리게만 보이던 큰아이를
장가보내게 되었습니다

시간되시면 오셔서
축하해주시고

잔치음식 한 그릇
드시고 가시기 청합니다

감사하고
감사합니다

＊ 청첩2.. 웃는 모습이 예쁜 아내를 만나 아들을 본지 30년이 다되어갑니다. 세월이 빠르다고 다들 말하지만 아이가 커서 어른이 되는 걸 보는 것처럼 세월의 빠름을 실감하는 것도 없는 것 같습니다. 그래서 아이는 다 큰 어른이 되었지만 우리 눈에는 아직도 옛날의 어린 아이로 보이는지도 모르겠습니다. 돌도 되기 전에 말하고 걸어서 다른 아이들 보다 조금 빨랐던 아이. 장가도 빨리 가겠다고 하네요. 주말 휴일에 집집마다 대소사가 있으실 텐데 이처럼 불쑥 청첩을 하게 되어 송구스럽습니다. 혹시 시간이 되시면 오셔서 잔치음식 한 그릇 드시면서 축하해주시기 바랍니다.

 결 혼

엄마가 없이는 못살 줄 알았어
엄마가 거인처럼 커보이던 어린 시절부터
엄마가 내 눈 밑에 오는 지금까지
끝없이 흐르는 사랑
무조건 받는 사랑
받아서 행복한 사랑

긴 생머리 깊고 검은 눈빛
예쁜 이마와 조각 콧날 밑으로 붉은 입술의 윤곽
아름다운 가슴과 허리를 타고
부드럽게 흘러내리는 곡선의 실루엣
심장을 떨리게 하는
너의 눈길과 너의 목소리

너만 있으면 세상을 전부 가진 거 같았어
내 마음을 다 보여주고
내 사랑을 다 전해주어서
너를 행복하게 하고 싶어
네가 행복해하는 것을 보는 것이
나의 행복이니까

삼십여 년 살던 집에서
내 짐을 빼어 문을 나올 때
엄마의 눈가에 이슬을 보았고
내 눈에도 눈물이 흘렀지만
이제는 엄마 없이도 살 수 있어
너하고만 영원히 같이 산다면

✽ **결 혼..** 엄마는 아들을 키워서 아들의 아내에게 넘겨주는 사람인 가요? 엄마는 아들이 어리던 옛날이나 다 큰 지금이나 똑 같이 아들 없이는 살 수 없습니다. 그러나 이제 아들은 엄마 없이도 살 수 있습니다. 엄마가 해주던 걸 전부 아니 그 이상 해주는 아내가 생겼거든요. 자식들이 나이 들어가면서 부모에게서 독립하고 부모 없이도 살 수 있게 되는 것은 자연의 법칙입니다. 그런데 세상 모든 아들 가진 엄마들이 이 시는 좋아하지 않을 것 같아 걱정이군요.

촛불

너희가 말하던 불바다
우리가 만든다

도심을 뒤덮은 불길
분노의 촛불바다

창백한 몸을 태워서
뜨거운 눈물을 흘리며

다시 맞고 싶지 않은
병.신.년 너를 보낸다

꼬끼오오오오
정.유.년 닭의 해 첫 닭이 울고

새벽어둠을 밝히며
거대한 한 자루 촛불

쑤우우우욱 솟아 오른다

✳ 촛 불.. 북조선이 만들겠다는 서울 불바다는 우리를 불로 태워서 죽여 버리려는 파멸의 불바다. 우리가 오늘 만든 서울 도심의 불바다는 우리를 환히 비추어 살려내고자 하는 환생의 불바다. 다시 맞고 싶지 않은 병신년 한해를 보내고 정유년 새해 첫해가 온 누리를 환히 비추며 거대한 한 자루 촛불처럼 산위로 쑤욱 솟아오른다.

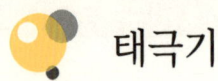 태극기

그 하얀 바탕은
수수만년 한 번도 변하지 않은
밝고 순수한 마음

빨강과 파랑 휘감아 도는 태극은
수십억년 이어지는
생명의 영원과 조화

그 마음과 그 진리를 지키기 위해
오천년 흘려온 피가 검게 굳어
건. 곤. 감. 이. 되어 붙었다

어느 날 갑자기 나타난
씨뻘건 별하나 박힌 껍데기는 가라![1]
껍데기를 종종종하는 그 껍데기도 가라!!

수수천만의 태극이
부서진 껍데기를 밟으며
도심의 대로를 흐른다.

✽ 태극기.. 우리나라의 헌법전문은 "유구한 역사와 전통에 빛나는 우리 대한국민은 3·1운동으로 건립된 대한민국임시정부의 법통과 불의에 항거한 4·19민주이념을 계승.."으로 시작하고 있습니다. 북조선이 생기기 훨씬 이전인 3.1운동 때에도 온 국민이 흔들던 태극기! 그 이전부터 태극기는 우리의 국기였으며 우리나라 통합의 상징이었습니다. 어느 날 갑자기 나타난 시뻘건 별 하나 박힌 북조선기는 결코 우리 민족을 대표할 수 없는 가짜이며 껍데기입니다. 2천만 민중을 세습독재 수령체제의 노예사회로 만든 북조선은 더욱 더 껍데기일 수밖에 없습니다. 그 껍데기를 추종하는 대한민국내의 종북세력도 필연적으로 껍데기일 수밖에 없습니다. 39세 젊은 나이에 '껍데기는 가라' 하며 요절한 시인 신동엽의 "껍데기는 가라 / 사월(四月)도 알맹이만 남고 / 껍데기는 가라 / 껍데기는 가라 / 동학년(東學年) 곰나루의, 그 아우성만 살고 / 껍데기는 가라" 라고 말하던 바로 그 껍데기는 가라!!!입니다.

[1.] 신동엽 시인의 '껍데기는 가라' 에서 차용

껍데기가 가면[1]

촛불은
태극을 비추고
태극은
촛불을 감싼다

어둠을
밝히는 촛불
진리를
지키는 태극

태극을 태우려는
어둠의 촛불
촛불을 꺼버리려는
무지의 태극

모두 불타고
모두 녹아서
없어져 버린
그 자리

아름다운 촛불
밝은 빛을 내어
우뚝 선 태극을
환하게 비추다

* 껍데기가 가면.. 정의롭고 아름다운 나라를 염원하는 대다수의 촛불을 북조선을 이롭게 하는 종북인 듯 하며 꺼버려야 한다는 무지의 껍데기, 촛불을 들고 몰래 숨어들어서 우리나라 대한민국의 자유민주주의, 법치주의, 시장경제를 훼손하려는 교활한 껍데기, 이 모든 껍데기가 다 가면 자유와 민주, 정의와 번영으로 칭송을 받으며 온 국민이 행복하게 잘사는 알짜배기 우리나라가 전 세계 앞에 자랑스럽게 우뚝 설 것임을 시인은 믿습니다.
1. 신동엽 시인의 '껍데기는 가라' 에서 패러디

제3부
사랑

운명

사람을 찾고 싶습니다.
옛날
나의 몸에 녹아들어
한 몸으로 살던
그 여자를
다시 찾고 싶습니다.

그 때 우리는 팔이 네 개, 다리가 네 개
마음은 언제나 같아서
머리와 심장은 하나
신들의 질투를 받아
둘로 나뉘어 떠나간
나의 반쪽을 찾고 싶습니다.

또 다시
사랑을 하고 싶습니다.
다시 만난 나의 반쪽과
헤어짐의 슬픔도
보고픔의 아픔도 없이
늘 하나가 되어 있는 사랑을

네 개의 팔로
같이 밥 해먹고 빨래하고
네 개의 발로
어디든 항상 함께 가는 사랑
마음도 생각도 언제나 같아서
서로에게 상처를 줄 수 없는 사랑

늘 하나로 합체되어
영원히 꺼지지 않는 오르가즘에
불꽃이 터지도록 아름다운
눈물이 흐르도록 사랑스런
우리 둘만의
그런 사랑을 하고 싶습니다.

단정히 머리 빗고 타이 매고서

＊ 운 명.. 옛날 옛날 아주 먼 옛날에는 남자와 여자가 한 몸이었다라고 하지요. 남녀가 한 몸으로 되어있을 때 그 전능함이 신과 같아서 신들이 질투하여 남녀로 갈라놓았다고 합니다. 그래서 남자와 여자는 갈라져나간 자신의 반쪽과 다시 합체하기 위하여 그렇게 찾아 헤맨답니다. 잘못 찾으면 '아닌게비여' 하고 갈라서기도 하고요. 저는 완벽한 저의 반쪽을 찾고 싶습니다. 헤어짐의 아픔 없이 영원히 합체되어 꺼지지 않는 오르가즘으로 눈물이 흐르도록 사랑스런 그런 짝을 찾고 싶습니다.

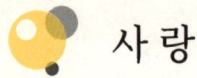
사랑

넓은 바다 속을 헤엄치고 있어
미끈한 청새치처럼
공간은 자유로웠고
기분은 좋아 보여
리틀 머메이드를 안은 프린스 에릭
코발트색 바닷물 속에서
인어공주는 포말이 되어 버리고
왕자는 가라앉은 난파선이 된다

빨간색 양귀비꽃이 농염하게
양탄자처럼 깔려 있는 벌판
예쁜 하얀 옷 바람에 날리는 금빛머리
사랑의 묘약을 먹은 이졸데
멋진 기사 옷을 입은 트리스탄에게
깊은 맹서의 눈빛만 남긴 채
다른 사람의 부인이 되어 떠난다.
슬픈 아리아를 부르며 죽어가는 트리스탄

붉은 꽃잎 수수만장이 나를 휘감아 돈다.
꽃잎은 커다란 붉은 날개가 되고
나는 푸른 하늘을 난다
영원히 함께하지 못하는
거품이 되는 사랑, 눈빛만 있는 사랑은
바다 속 땅속으로 들어가 버려라
영겁의 시간 전에 내게 정해진 운명이 있어
웃는 모습이 예쁜 여자가
파란색 날개를 달고 저 앞에 날아오고 있다
하늘에서 입 맞추고 휘감아 돌아
영원히 함께 하는 태극이 된다.

✽ **사 랑..** 슬픈 사랑은 싫습니다. 그런 사랑은 나의 것이 아닙니다. 내게는 영원히 함께하는 사랑이 영겁의 시간 전에 정해져 있습니다. 파란색 날개를 달고 내게로 날아 오는 웃는 모습이 예쁜 여자. 나는 붉은색 날개를 달고 날아오릅니다. 푸르른 하늘 높이 함께 휘감아 돕니다. 영원히 함께 사는 태극으로 합체되어 하나가 됩니다.

 연 정

당신은 어떻게 제 마음으로 들어오셨나요
아니 제가 어떻게 당신을 제게 들였는지 모르겠어요
당신은 지나가는 바람처럼 저를 스치셨는데
저는 왜 태풍에 거세게 흔들리는 나무가 되었나요

그 날 그 자리 우리가 처음 만난 카페에
친구들하고 같이 다시 갔을 때 당신은 없었죠
저는 당신이 제가 처음 본 그 테이블에 있으시기를 바랬어요
만일 계셨다면 들어가는 순간 제 눈에 확 들어오셨겠죠

당신의 굵은 웨이브 흐르는 머리 내 눈 높이의 어깨
약간 붉은 입술에 살짝 흐르는 미소를 뚫고
중저음으로 멋들어지게 울려나오는 목소리를
그 날 제가 다시 들을 수 있었다면

저는 뿌리가 뽑히고 당신의 가슴으로 들어갔을 거예요
아버지의 자명고를 찢은 낙랑공주를
이아손을 위해 아버지의 황금양털을 훔쳐서
아르곤호를 타고 함께 도망가는 메데이아를

저는 이제 알 수 있어요

＊ 연 정.. 내 마음으로 들어온 당신. 당신이 나의 전부가 되었어요. 당신을 사랑하기에 당신을 위하여서라면, 나를 가장 사랑하시는 아버지의 자명고도 찢을 수 있습니다. 황금양털도 가져올 수 있습니다. 아들은 여자를 만나 "이제는 엄마 없이도 살 수 있어" 라고 합니다. 딸은 남자를 만나 당신을 위해서라면 "아버지의 것도 가져올 수 있어" 라고 합니다. 옛날에 낙랑공주나 메데이아가 한 것처럼 말이죠.. 품안의 자식이 장성하면 짝을 만나고 부모 곁을 떠나는 것이 자연의 법칙 아니 우주의 질서임을 잘 알고 있습니다. 그러나 품을 떠난 자식을 보는 부모의 가슴은 많이 허해지는군요 그려..

 만 남

보도블록들은 새가 되어 날아오르고
파란 잔디가 땅에서 쑤욱쑥 올라온다.
길가에는 팬지 튤립 영산홍 봄꽃들이 튀어나오고
신호등에선 빨간색 파란색 장미꽃이 쏟아져 내린다
빌딩들은 나무가 되고 동산이 되고
마을버스와 지하철은 말하고 노래한다.
회색의 도시는 없어져버리고
아름다운 정원이 아침 햇살을 받아 멋지게 빛난다.
사람들은 놀라지 않았다.
언제나처럼 관심 없이 무표정하다

황홀한 도시의 변화
기다리는 하루는 길었지만
해가 서쪽으로 넘어 갈 때
흑백사진 같은 사람들 배경 속에서
칼라로 빛나는 한 여자가
걸어 나오고 있다.
내게로 다가온다.
안녕하세요? 오늘 소개팅 약속된 분?
일어나서 찬찬히 바라본다.

웃고 있다

낯이 익다

웃. 는. 모. 습. 이. 예. 쁜. 여. 자.

✽ **만 남..** 여자를 소개 받기로 한 날입니다. 신뢰할 만한 친한 친구가 내게 잘 어울릴 것 같은 여자랍니다. 까마득한 옛날부터 내게 점지되어있던 그 여자를 이제는 그만 만나고 싶습니다. 마을버스와 지하철 갈아타고 출근하는 오늘의 도시는 어제와 다르게 빌딩 콘크리트 숲이 아니라 나무와 꽃이 무성한 초록의 숲이었습니다. 흑백사진 같은 도시의 인파 속에서 칼라로 빛나는 여자가 나타났습니다. 하얀 블라우스에 하늘색 치마를 입고 긴 머리를 늘어트리며 나를 바라보는 웃.는.모.습.이.예.쁜.여.자.! 낯이 익습니다!

 # 바람

시베리아에서 몽골초원을 건너왔습니다.
남태평양 망망대해도 건너왔습니다.

겨울에는 세상을 얼어붙게도 했고
여름에는 만물을 쓸어버리기도 했습니다.

가을에는 낙엽을 날리며 허무함을 깨닫게도 해줬고
정치판 선거판에선 재미를 가르쳐주기도 했습니다.

그러나 이제 봄을 맞아
여자의 몸속으로 들어가려 합니다.

노란색 분홍색 붉은색
개나리 진달래 영산홍

예쁜 꽃들이 화사하게
활짝 벌어지는 봄이 되니

수많은 여자들이 저를 초청하는군요.

✽ **바 람..** 바짝 말랐던 나무에 물이 오르고 연두색 아기 잎들이 끝없이 솟아납니다. 하얀색 백목련 이팝나무 조팝나무, 노란색 산수유 개나리, 분홍색 벚꽃 진달래 꽃잔디, 붉은색 철쭉 영산홍 홍매화 등등 수많은 색색의 예쁜 꽃들이 피어나는 봄은 아름다움과 생명의 계절입니다. 그래서 여자의 계절입니다. 이 봄에는 봄바람도 여자의 몸속으로 들어가려고 하는군요. 저는 사계절 중에 봄을 가장 사랑합니다. 아름다운 여자 같은 생명의 봄을 사랑합니다.

 첫 정

옛날
어릴 적
만화 속

까만 단발머리
항상 웃는
귀여운 소녀

만화방
야구모자
반바지 소년은

해가 지고
엄마 손에 끌려
집으로 올 때

소녀가
만화에서
툭 튀어나와

저를 쫓아오길 바라듯
자꾸만 자꾸만
뒤돌아본다.

✽ 첫 정.. 컴퓨터도 게임도 사교육도 없던 시절 동네 만화가게는 학교 다녀온 아이들의 집합소 였습니다. 초등학교도 저학년 어린 꼬마는 가방을 집에 집어던지고 만화가게 긴 걸상에 앉아서 저녁까지 만화 삼매경에 빠집니다. 엄마가 찾으러 올 때 마지못해 일어나 엄마 손잡고 집으로 가면서도 못내 아쉽습니다. 만화속의 여주인공 단발머리 소녀에게 빠졌거든요.

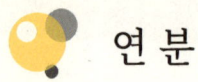 연 분

걱정 할 것 없어
기다리고 있으면 되
지금 너에게 아직
그 시간이 오지 않았을 뿐이야

일에 묻혀 지내는 시간보다
혼자 있을 주말이 더욱 두려운 네게
신 내린 내가 해주는 말은
오래전 너에게 예정된
그 시간이 오고 있다는 거야

그 날이 오면
하얀색 블라우스에 하늘색 치마를 입고
웃는 모습이 예쁜 여자가
긴 머리에 눈부신 후광으로
너에게 올 거야

지금 너는 오르지 못 할 나무
너의 주위에
갑녀 을녀
걱정 할 것 없어
기다리고 있으면 되

✲ **연 분..** 수없이 혼자 보내는 주말이 지나갑니다. 영겁의 시간 전에 내게 점지된 여자에 대한 믿음도 흐려집니다. 내가 흔한 갑남이 되고 많은 을녀 중에서 하나를 만나 그냥 갑남을녀로 살고 싶어집니다. 그러나 머리에 더욱 또렷이 나타나는 웃는 모습이 예쁜 여자의 모습! 전에는 보이지 않던 하얀 블라우스에 하늘색 치마를 입고서 긴 머리를 바람에 살짝 날리며 예쁘게 웃고 있습니다. 누가 말하는 소리가 들립니다. 걱정할 것 없어! 기다리고 있으면 되!

 # 사 귐

사랑과 이별은
궁합도 안보고 결혼하나.

하나는 기쁨이고
하나는 슬픔인데

늘 같이 붙어살아서
사람을 실없게 해

웃다가 울다가
울다가 웃다가

✽ 사 귐.. 사랑의 기쁨과 헤어짐의 아픔은 동전의 양면인가요? 한 몸으로 합체되어 결혼한 사이 인가요? 어울리지도 않는 사이에 잠시도 떨어지지 않고 늘 함께 붙어 다니네요. 사람들은 사랑의 기쁨만 있기를 바라지만 그 사랑에 껌딱지처럼 붙어 있는 헤어짐의 아픔 때문에 웃다가 울다가 하고 또 울다가 웃다가 하네요.

 ## 무정

추억의 깊이가
켜켜이 쌓여있어

눌린 몸은 무겁고
마음은 아프게 흩트려집니다.

혼자의
이 무거움과 흩어짐이
몸서리 쳐지지는 않지만

오후의 햇살을 타고 날려서
두 몸 위에
바꿔 태워보면 좋겠어요.

＊ 무 정.. 사랑은 무정합니다. 그 많은 추억의 무게로 마음을 아프게 누르고 흩트려버립니다. 지금 내 마음을 누르고 있는 이 무게 이 아픔을 두고 떠난 그 사랑도 똑같이 느끼는지 알고 싶어요.

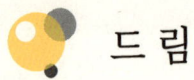 # 드림

허드슨 강가
하얀 눈 덮인
키 높은 나무 숲
동화 속 예쁜 집
불 켜진 창문

여자는 상 차리고
남자는 고기 굽고
아이들은 깔깔대며
식탁에서 장난치는
행복한 가족의 저녁

창문 안의 남자를 보는
창문 밖의 남자
내가 나를 보다
놀란 눈에 들어온 것은
등껍질 같은 나만의 공간 두 평반 작은 방

홀로 누워 있는 나
술이 깨려는 아픈 머릿속
웃는 모습이 예쁜 여자의 얼굴과
너무나 귀여운 아이들의 모습은
자꾸만 자꾸만 선명해진다.

＊ 드 림.. 허드슨 강가 뉴저지 가든 스테이트, 앞뒤 마당에는 파란 잔디가 있고 이층 빨간 지붕까지 오르는 키 큰 나무와 넓은 창문에 하얀 벽이 그림 같은 집, 웃는 모습이 예쁜 아내와 귀여운 아이 둘이 있는 더 없이 행복한 모습의 나를 보았습니다. 그 꿈이 이루어지려나 봅니다.

 천둥

하늘에는 햇빛이 쨍쨍한데
눈 내린 길가에 천둥소리가 들린다.
배가 노란 흰눈썹황금새가 펄떡이며 날아가니
세상은 전부 황금색으로 물이 들었다
천둥소리는 노란색 눈사람 아이스크림을 만들어
학교 끝나고 집에 가는 아이들 손에 하나씩 쥐어주었다
아이들은 깔깔대며 핥아먹는다

입술이 노랗게 물든 아이들은
흰눈썹황금새처럼 하늘을 날고 싶었다.
무거운 책가방은 집어 던진다.
눈썹이 하얘지더니 배까지 노래지고
하나씩 흰눈썹황금새로 변해서 숲속으로 날아간다
책가방은 시커먼 돌이 되어 땅속에 박혔다
새가된 아이들이 날아가며 지르는 소리는
번쩍이며 하늘을 가르고 길가를 때린다.

＊ 천 둥.. 학교가 끝나고 나서도 학원으로 학원으로 돌아야하는 아이들이 안쓰럽습니다. 아이들도 학부모도 모두 힘이 들고 돈 잘 버는 과외선생과 학원만 승자가 되는 사교육! 사교육을 없애야한다는 바람은 천둥소리 같이 크지만 벗어나지 못합니다. 아이들은 벗어나고 싶습니다. 맛있는 아이스크림을 하나씩 들고 시커먼 돌덩이 같은 책가방을 집어 던지고 싶습니다. 멋진 황금색의 새로 변신하여 날아다니며 친구들과 놀고 천둥같이 소리를 지르고 싶습니다.

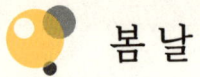 # 봄 날

얼마 전 본
봄꽃인데

벌써 일 년 전

꽃샘 비바람
꽃눈 날리면

다시 또 일 년

허공으로 숨는다.

* **봄 날..** 뚝방길 따라 흐드러지게 피어 있는 노란 개나리. 아파트 단지 안에서 꽃 봉우리를 활짝 터트린 하얀 백목련. 뒷동산 산길에 빨갛게 핀 진달래. 도시의 공원과 호숫가에 만발한 연분홍색 벚꽃 벚꽃.. 모두 바로 얼마 전에 본 꽃들 같은데 정확히 벌써 일 년 전 봄에 보았군요. 봄비 바람 한번 지나가니 다 져버립니다. 올해 일 년도 다 가버리는 것 같습니다.

 땡볕

여름 한철 자라는
가지 고추 오이 호박
천둥벌거숭이 땡볕에
다 말라버리고
제철 만난 잡초 야초만
온 동네 무성히 난다

한여름 휴가철
사람 넘칠 해수욕장
펄펄 끓는 백사장 모래 위엔
장사 망친 해변 가 천막주인
뜨거운 바람만 부채질 하며
먼 바다 수평선을 바라보고 있다

＊ **땡 볕..** 햇빛이 잘 비치면 좋은 작물들이 실하게 잘 자랍니다. 작물 입장에서도 잘 자랄 시기 한철에 햇빛이 잘 비춰 주어야합니다. 좋은 햇빛이 좋은 작물을 만들 듯이 좋은 리더가 있어야 좋은 인재들이 자라납니다. 인재로 한참 자라야할 바로 그 시기에 좋은 리더가 있어 줘야 큰 인재로 클 수 있습니다. 천둥벌거숭이 땡볕 같은 리더는 가지, 고추, 오이, 호박 같은 좋은 인재들을 다 말려버리고 인재로 분류하기 어려운 잡초 야초들만 잔뜩 키웁니다. 인재는 쭉쭉 자라야할 바로 그 시기에 크게 자라지 못하고 마치 한철 장사 망친 해변 가 천막주인처럼 먼 바다 수평선만 바라봅니다.

 하 늘

가을 하늘이
깊은 속살을
보여 줍니다

구름치마 다 벗고
눈이 부시도록
아름답게

조금은 부끄러운지
한 조각 흰 구름으로
살짝 가려봅니다.

단정히 머리 빗고 타이 매고서

✽ 하 늘.. 투명한 하늘색의 맑은 하늘은 너무도 아름답습니다. 손을 담그면 물이들 것 같은 푸르른 맑은 하늘을 보고 싶습니다. 한 조각 하얀 구름으로 살짝 가리고 부끄러워하는 그런 우리나라의 예쁜 하늘을 보고 싶습니다. 봄에는 황사가 옵니다. 황사는 수천 년 전부터 계속되어 온 자연현상입니다. 고비사막, 타클라마칸사막 등 중국 북동부 사막과 몽골 내륙의 황토 지대 등에서 편서풍에 실려 우리나라로 날아오는 황사는 입자의 크기가 평균 20μm이상이어서 기관지와 같은 호흡기관에서 대부분 걸러져 인체에는 큰 영향을 끼치지 않았습니다. 그래서 봄날 황사가 와도 수수천년 그냥 살아왔지요. 그러나 지금 우리나라를 사계절 덮고 있는 이 뿌연 공기는 황사가 아닙니다. 중국 동부 연안 공업지대에서 발생하는 카드뮴(Cd), 납(Pd), 알루미늄(Al), 구리(Cu) 등과 같은 중금속 가루가 잔뜩 포함되어 날아오는 미세먼지이기 때문에 우리 조상도 마시던 그 황사가 아닙니다. 우리의 생명을 위협

단정히 머리 빗고 타이 매고서

하는 '죽음의 분진'입니다. 중금속 미세먼지의 입자 크기는 2μm 이하이기 때문에 호흡기관에서 걸러지지 않고 우리 몸에 쌓이게 됩니다. 중금속 미세먼지들은 대기 중에서 화학반응을 일으켜서 질소산화물(NO), 황산화물(SO) 등과 같은 유해물질을 추가로 생성합니다. 건강에 더욱 더 위험합니다. 중국발 미세먼지는 우리나라의 일부분이 아니라 동에서 서, 남에서 북으로 전 국토를 다 덮고 있습니다. 봄철 한두 달이 아니라 일 년 열두 달을 덮고 있습니다. 피해서 도망갈 곳도 없습니다. 대한민국의 정부는 도대체 무엇을 하는 기관인가요? 정치인들은 도대체 무엇을 하겠다는 사람들 인가요? 온 국민이 똑 같이 다 마시니까 공평해서 괜찮다고 생각하는 건가요? 깨끗한 공기를 마시고 싶습니다.

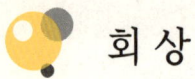 회 상

차가운 밤
희미한 별빛

기억의 저편
지나간 생각들

젖은 바람이
마른 얼굴을 때릴 때

뚝. 뚝. 뚝.
떨
어
지
는
이슬. 이슬. 이슬.

✱ 회 상.. 배우자는 먼저 가고 아이들은 자기 살기 바빠 홀로된 독거 노인은 저녁이 너무도 쓸쓸합니다. 날은 추운데 가난하기에 난방을 하기도 어렵습니다. 깊은 주름이 팬 마른 얼굴에 차가운 바람이 스칩 니다. 지나간 시절 아이들 키우며 먼저 간 배우자와 살던 옛날을 회상 합니다. 그때는 힘들었다고 고생스럽다고 생각했지만 사랑이 있었고 사람이 있었기에 행복했습니다. 마른 얼굴에 굵은 주름을 타고 눈물 이 흐릅니다. 우리나라 인구의 기대수명은 2015년에 80.0세를 돌파하 였습니다. 세계보건기구(WHO)에서는 2030년에 태어나는 한국 여성 의 기대수명을 90.82세로 예상하여 세계1위(한국 90.82세, 프랑스 88.55세, 일본 88.41세, 스페인 88.07세, 스위스 87.07세 등이 톱5), 2030년생 한국 남성의 기대수명도 84.07세로 예상하여 세계1위로 보 고 있습니다. 우리나라는 1980년에 65세 이상 인구가 3.8%에 불과했 지만, 2015년에 13.0%를 기록한데이어 2050년에는 35.9%까지 급상

단정히 머리 빗고 타이 매고서

승 할 것으로 전망하고 있습니다. 우리나라의 고령화 속도는 세계에서 가장 빠릅니다. 2000년에 고령화사회(65세 이상 인구 7% 이상)로 진입했고 2026년에는 초고령화사회(65세 이상 인구 21% 이상)로 진입할 예정입니다. 고령화 사회에서 초고령화 사회로 진입하는데 걸리는 시간이 우리나라는 27년으로 세계에서 가장 짧습니다(중국 34년, 일본 37년, 영국 100년, 프랑스 157년). 급격한 고령화와 함께 더욱 큰 문제인 것은 우리나라의 고령인구가 가난하다는 사실입니다. OECD에 따르면 우리나라 65세 이상 노인의 상대적 빈곤율(노인 인구의 가처분소득이 국민전체 가처분소득의 절반을 밑도는 비율)이 무려 49.6%로 OECD 회원국 중에서 가운데 가장 높습니다. OECD 평균은 12.4%에 불과합니다. 나이 먹어 힘없고 병드는데 가난하기까지 한 우리나라의 노인이 안타깝습니다.

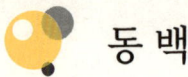 ## 동백

붉은 입술 자욱이
하얀 수건에 찍혔다

겨울은
너무 춥고 길었다.

참다못한 동백이
수줍게 떨면서

새 하얀 수건에
붉게 입 맞추어버린다.

✽ 동 백.. 동백꽃은 봄에 피는 다른 꽃들과 달리 12월부터 꽃을 피워서 2월에 만개하는 겨울꽃 입니다. 꽃말은 '기다림'이라고 하지요. 꽃이 질 때 꽃잎이 하나하나 떨어지는 것이 아니라 꽃이 통째로 떨어지는데, 마치 충신이 간언하다 목이 떨어지는 것과 같다 하여 충신을 상징하는 꽃이기도 합니다. 봄도 아직 먼 눈 내린 겨울날 새빨간 동백이 하얀 눈 위에 떨어져 있습니다. 꽃말처럼 기다리다가 참지 못하고 하얀 눈 위에 붉게 입 맞춘 것 같습니다.

 ## 화 분

호접란 화분 두개
하루 종일 나에게 인사합니다.
벌써 두 달째

올해 첫날
내 방으로 들어 왔습니다.
원하지도 않았는데

무심하게 보아온 화분
오늘은 이백 마리 나비 떼가 앉았습니다.
꽃들은 어디로 갔는지 신기할 뿐입니다.

그러고 보니
매일 아침 한두 마리
나비들이 떨어져 있었습니다.

들어서 꽃 사이에 놓아주니
나비는 꽃으로 다시 살아나고
꽃들은 나비로 변하였습니다.

호접란 마주 앉아 쳐다보면
노란색, 자주색 예쁜 나비들이 날아 갈까봐
살며시 몸을 돌려 옆으로 서봅니다.

✽ **화 분..** 오랜 공직생활을 하며 많은 인사발령을 받았습니다. 승진하고 좋은 자리 가는 인사도 있었지만 권한 없는 한직으로 밀리는 인사도 있었습니다. 요즘은 김영란법 때문에 안 그렇겠지만 인사발령이 있으면 지인들이 화분을 보내줍니다. 어느 한직으로 발령이 난 날 사무실로 들어온 양란화분이 있었습니다. 꽃들은 예뻤습니다. 사무실은 조용했습니다. 꽃들이 다 져서 떨어질 때까지 하루 종일 쳐다보았습니다. 꽃들이 모두 나비로 변해서 창문 너머로 날아간 것 같았습니다. 꽃의 이름도 호랑나비 호접란 이었습니다.

 ## 부모

사월의 시작은
꽃샘추위 끝자락이 남아있지만
낮으로 봄기운이 완연합니다.

한식에 애들 데리고
멀리 공원묘지 계신
부모님께 갔습니다.

술 올리고 절마치고
"어머니 아버지 이제 갑니다" 하며
인사하고 내려올 때

살아 생전 같이
"그래 어서 가거라", "건강 잘 챙기고" 하시던
두 분의 목소리는 들리지 않고
봉분만 두개 말없이 서있습니다.

돌아가시고 세월이 흘러
부모나이 되어갈 수록
더욱 그리워지는
어머니 아버지입니다.

✳ 부 모.. 한식은 봄맞이 하는 날이고, 새해 농사를 시작하는 날이고, 조상을 찾아 성묘하는 날이기도 합니다. 동지에서 105일째 되는 날로서 설날, 추석, 단오와 함께 우리민족의 4대 명절의 하나이기도 하지요. 한식과 추석 일 년에 두 번 공원묘지에 계신 부모님 산소에 갑니다. 어려서는 매일 뵈고 결혼해 나가서도 자주 뵈던 부모님 이지만 이제는 뵐 수 없습니다. 목소리도 들리지 않습니다. 우리의 아이들이 커서 어른이 되어가고 우리가 부모나이 되어갈수록 먼저 가신 어머니 아버지가 생각납니다. 내가 지금의 아들 나이고 부모님이 지금의 내 나이였을 때가 생각납니다.

# 애 수

빛바랜
옛날 사진은
슬픈 그림입니다.

옛 모습
그리움에
들여다보면

더 큰 그리움에
눈물 흘리게 하는
슬픈 그림입니다.

✽ 애 수.. 오랜만에 돌아가신 부모님의 사진을 꺼내보았습니다. 사진은 시간을 잡아 묶었습니다. 사진 속에 젊은 아버지는 젊은 엄마와 함께 웃고 있습니다. 그러나 젊은 두분이 다정하게 들어 있는 그 종이는 시간을 묶지는 못했습니다. 누렇게 빛이 바래 있습니다. 빛바랜 옛날 사진에는 과거와 현재가 같이 들어 있습니다. 나이 드시고 병드시고 돌아가셨지만 누런 사진 속에서는 지금의 나와 같은 나이입니다. 나같이 젊어 보이십니다. 과거의 나와 현재의 내가 마주보고 있습니다.

 순리

사각형의 한 점이
떠나고 나면
삼각형

삼각형의 한 점이
사라지고 나면
선분

선분의 한 점마저
가고나면
그냥 점 하나

그 점하나
하얀 백지위에서
없어진 점들이 그리워 그리워

하얗게 하얗게
사라져 간다
페이드 아웃 한다

✽ 순 리.. 한 사람이 이 세상에 점 하나로 태어납니다. 수많은 점들 중에서 하나의 점을 만나서 선으로 이어지고 부부가 됩니다. 아이가 하나씩 둘이 태어나고 4개의 점은 격자형 선으로 연결되어 난공불락의 부셔지지 않는 사각형이 됩니다. 어느 누구도 우리 4인 가족을 갈라놓을 수 없습니다. 집어 던져져도 부셔지지 않습니다. 단단하고 자랑스럽고 뿌듯하며 행복합니다. 그러나 이 세상 어느 것 하나 영원할 수는 없는 것이 이치입니다. 세월은 사각형을 변화시킵니다. 아이들 점이 하나씩 다른 점을 만나 나가면서 사각형은 삼각형으로 삼각형에서 다시 부부만의 선분으로 변합니다. 세월은 선분도 다시 점으로 만들고 그 한 점마저 원래 없었던 처음으로 되돌립니다.

서강석시인의 자전적 시론

도시와 눈물과 시

 나이 들어가면서 더 눈물이 많아졌습니다. 그러나 남들은 알지 못합니다. 가슴 속으로 깊이 울고, 눈물은 남 보기 전에 얼른 훔치거든요.

 오랫동안 공직자로 도시행정을 해왔습니다. 도시에서 나서 도시에서 자랐습니다. 늦게나마 시인이 되었습니다. 자연스럽게 제 시의 주제는 도시와 인간입니다. 대도시에서 벌어지는 인간의 소외와 고독. 도시의 아름다움과 추함. 인간의 사랑과 성장이 제 시에 녹아내리고 있습니다.

 23년 전 1994년 10월 어느 날 성수대교가 붕괴되었습니다. 아침에 가방 들고 학교 가던 여고생 9명과 모두 32명이 같이 하늘로 올라갔습니다. 저는 제 시 '다리'에서 이렇게 읊었습니다.

"수학여행이나 같이 가야 할 세일러복 여고생
티 하나 없는 순결한 영혼들
돌아오지 못할 하늘 여행을 같이 떠난다."

 함께 하늘여행을 떠나는 어린 아이들, 수학여행이나 같이 가야할 어린 아이들을 생각하며 저는 울었습니다.

 1995년 6월 강남의 삼품백화점이 붕괴하였습니다. 508명이 죽고 937명이 다쳤습니다. 인간 탐욕의 무서움과 도시의 잔인함에 몸을 떨었습니다.

"그 자리에 초고층 최고급 아파트는
마치 아무 일도 없었다는 듯이
모르는 척 시침 뚝 떼고 서 있다."

 누군가에는 우주의 무게 같은 사랑을 받는 사람들을 오백 명 넘게 한 번에 떠나보내 버리고 모르는척하는 인간의 탐욕과 도시의 잔인함을 제 시 '명품'에서 이렇게 말하면서 흐르는 눈물을 닦았습니다.

시간의 수레바퀴는 다시 제자리로 돌아오는가요? 2013년 7월 여름 장마가 한창일 때 노량진 배수지 공사장에서 7명의 인부가 산채로 수장되었습니다. 그 들은 죽었지만 제 시에서는 죽지 않았습니다.

"창호지 같은 차수 판이 찢어지고
무섭게 쏟아져 들어오는 물을 보면서
우리는 양쪽 턱 밑으로 붉은 아가미가 나오고
팔과 다리는 지느러미로 바뀌더니
커다란 멋진 물고기로 변하였다
지금은 한강을 나와 서해바다를 거쳐
아름다운 태평양 바다 속을 헤엄치고 있다
인간의 모든 욕망과 업에서 해방되어
신이 된 듯 행복하게"

제 시 '아빠♥'에서는 고단한 일용노동자의 삶을 살아 왔던 그들이 모든 업에서 해방되어 마음대로 자유롭게 사는 생명이 되었습니다. 저는 아빠인 그들이 물속에 있을 때 멀리서 보내준 딸의 메시지 "아빠♥ 서울엔 비가 많이 온다는데 괜찮은 가융?"을 읽으면서 가슴이 아렸습니다. 눈물을 흘렸습니다.

그리고 2014년 4월 21일! 세월호가 침몰하여 295명이 희생되고 아직도 9명이 차가운 진도 앞바다에서 나오지 못하고 있습니다. 거의 다 고등학생들 아무런 죄 없는 순결한 영혼들. 자식을 잃은 부모들. 하루 종일 눈물이 납니다. 탐욕과 비열함, 무능과 위선에 분노가 치밉니다. 수학여행을 같아가던 아이들이 또다시 돌아오지 못할 하늘여행을 가게 되다니요.

"시인도 더 이상
시를 쓸 수가 없다.

퀭한 눈으로 허공만 바라본다."

저의 시 '무정'에서는 바다에 진 수 많은 어린 영혼들 생각에 할 말을 잃어버리고 눈물까지 다 빠져 퀭한 눈으로 망연자실한 시인의 무력함에 슬퍼하였습니다.
인간의 탐욕과 그로 인한 도시의 재난, 거기에 희생되는 죄 없이 순결한 영혼들 때문에 눈물을 흘리는 시인은 가면을 쓰고 있는 이 세상 모든 위선자들에게 가면을 벗고 민낯을 드러내라고 시 '생얼'에서 말합니다.

"자신마저도
가면이 자기의 생얼이라고
착각하지만

타고난 탐욕의 얼굴은
예쁜 가면 뒤에서
음흉한 미소를 짓는다."

 이 도시에 힘 있다는 사람들, 자기의 모습을 속이는 가면을 쓰고서, 수많은 도시사람들에게 매일 환하게 웃으며 악수하고 손 흔드는 모습을 보이지만, 그들의 가면은 너무 싫습니다. 그리고 무섭습니다. 아무리 예쁜 가면을 쓰고 있더라도..

 제 시 '도시사람' 에서 저는 도시인들을 수많은 원두 알갱이에 비유한바 있습니다.

"도시에서는
커피냄새가 난다

한집 건너
무슨 벅스 무슨 베네 무슨 쿠치

뚜껑 달린 종이컵에
커피한잔 받아들고서

볶인 심신을 달래는
원두 알갱이 같은 도시사람들"

 가면 쓴 힘센 위선자들과 다르게, 도시사람들 모두 양처럼 힘없고 숫자도 많지만 도시의 재난에 원두처럼 갈아져버릴 수 없습니다. 하나 하나가 모두 우주이니까요.

 시인은 지금도 울고 있습니다. 그러나 이제는 더 이상 눈물을 흘리고 싶지 않습니다. 슬픔에서 벗어나 다시 시를 쓰고 싶습니다. 가면이라고는 모르는 도시사람들, 구수한 향을 내는 원두알갱이 같은 도시사람들에게 저의 시를 선물하고 싶습니다.

 교만하지 않고 의미 있으면서 쉽게 읽히는 그런 시를 쓰고 싶습니다. 저는 읽고 나도 무슨 말인지 알 수가 없는 시, 시적인 의미와 느낌의 전달이 되지 않는 시는 시와 시를 읽는 사람들을 갈라놓는 그런 시라고 생각하고 있거든요.

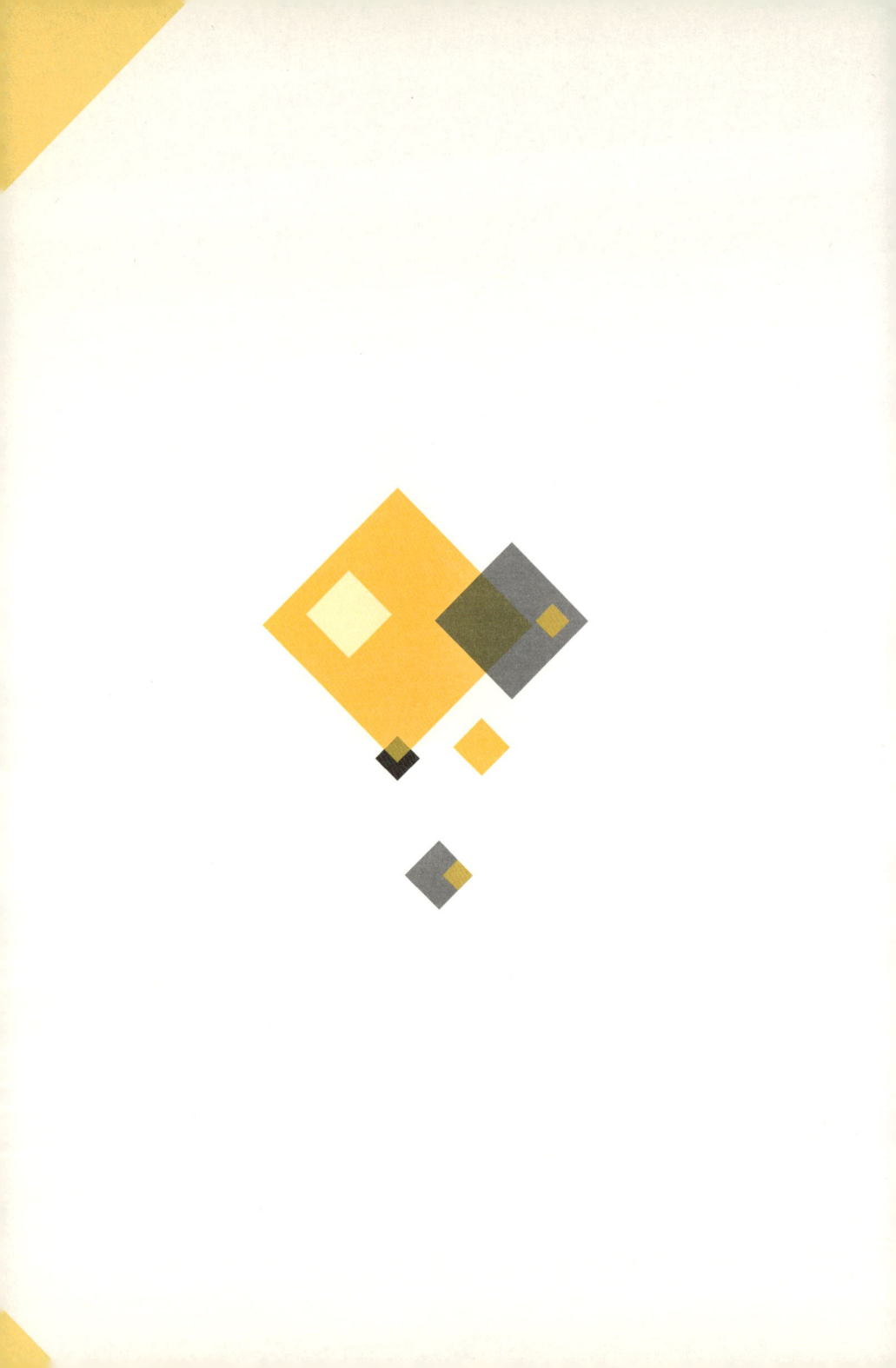

<부록>

서강석시인 등단 문예지

열린시학* 제68호
2013년 가을

* 열린시학은 열린시대, 열린정신, 열린문화를 지향하며 1996년에 창간하여, 2017년 봄 현재 통권 81권을 발행하였다. 문학에 진정성을 가진 좋은 시인과 작가들을 소중하게 생각하고 사랑하는 시전문 계간지이다.

창현 박종회 | 산유화(山有花) | 화선지, 수묵담채 45 x 56

열린시학은 열린시대·열린정신·열린문화를 지향합니다

기획특집
고산문학 대상 수상자 특집

기획특집
제3회 한국예술작가상

이계절의 시
홍일선 정순자 임동윤 김명옥 류재만 강영란
김시운 조동범 김영찬 전다형 주강홍 이심훈
박정석 박소원 박미산 김윤선 김지윤 김동헌
박선우 곽구영 정푸른 박성준 강현주 구지혜
김이안 김보숙 김선아 김하경 한상욱 권규미
이세진 이소담

9인의 신작시조
권도중 김민정 박명숙 유영애 정용국
김선화 이남순 이두의 김연미

오늘의 시인
양해기

열린시학 신인작품상
이기영 송가영 김경자

젊은 시인의 시선
금은돌 김영미 안미린

68
AUTUMN 2013
YEOLRIN SIHAK

ISSN 1739-7782

단정히 머리 빗고 타이 매고서

2013
제3회 한국예술작가상

《한국예술작가상》은 적어도 한 권 이상의 작품으로 문학의 역량을 가늠하므로 작가적 기량이 뒷받침되지 않으면 넘볼 수 없는 상이다. 작품의 전모를 통해 작가의 정신과 사고의 깊이, 주제와 표현력을 여실하게 살필 수 있어 신뢰를 할 수 있는 장점이 무엇보다 큰 상이다. 치열한 논의 결과 서강석의 「단정히 머리 빗고 타이 매고서」 시가 제3회 《한국예술작가상》 수상작으로 결정되었다.

제3회 수상자

서강석

「단정히 머리 빗고 타이 매고서」 외 5편

현대인의 하루 일상을 그리고 있는 「단정히 머리 빗고 타이 매고서」라는 작품은 문제적 작품이다. "살아있는 인간이라는 것을 확인"하고 싶지만 "잘 닦여져 기능하는 부품"에 불과한 현대인들의 삶을 아주 절제된 언어로 그려낸다.

— 심사위원 : 정일근·곽효환·이지엽

단정히 머리 빗고 타이 매고서

서강석 시인 등단시 5편

1. 단정히 머리 빗고 타이 매고서 ·········· 26

2. 고 도 ·········· 44

3. 나 무 ·········· 86

4. 천 둥 ·········· 152

5. 누 이 ·········· 34

🍯 **등단 심사기** 🍯

시대와 역사, 예술적 형상화 동시에 뛰어나

서강석 씨의 「단정히 머리 빗고 타이 매고서」 外를 제3회 한국예술작가상 수상작으로 결정한다. 현대인의 하루 일상을 그리고 있는 「단정히 머리 빗고 타이 매고서」 라는 작품은 문제적 작품이다. "살아있는 인간이라는 것을 확인"하고 싶지만 "잘 닦여져 기능하는 부품"에 불과한 현대인들의 삶을 아주 절제된 언어로 그려낸다. 이 비극적 상황은 대다수 남성들의 일방적인 희생과 관련된다. 아침과 점심, 저녁으로 세분되는 삶속에 젠더로서의 남성이 우월하게 되는 시간은 어디에도 없다. 우선 아침에 그는 사랑의 진정한 대상자가 되지 못하고 "차가운 물질 세상에 고가로 나를 팔러 나"가는 존재에 불과하다. 낮에는 "치명적인 허점을 노리고 있는 야생의 초원"에서 "먹이사슬의 꼭대기에 있는 맹수"가 되기위해 냉혹하게 자신을 단련시켜야 한다. 저녁에는 해방을 꿈꾸는 인간들은 "밤이 깊어져 날이 바뀔 때까지 술을 먹"지만 어디에서도 구원을 얻지 못한다. 이들을 받아주는 도시의 보금자리는 "등껍질 같이 나를 감싸주지만 내게 매일 고독을 주사하는 곳"이다. 이 절대고독 앞에서 인간은 그렇지 않은 척해야 한다. 단정하게 머리빗고 신사처럼 행동해야 한다. 남성만이 그런 것이 아닐 것이다. 그런 점을 유념하여 점심과 저녁에는 범위가 모든 직장인으로 범위가 확장되어 있다. 현대인이 지니는 이 절대고독은 「고도」, 「나무」 등의 작품에도 일관되게 나타나고 있다. "퇴적암처럼 차곡차곡 쌓여"가는 기다림의 도시에서는 "우울이 수많은 가지되어 끝없이 피어난다." 그런가 하면 「천둥」은 "흰눈썹황금새"의 시적 상상력이 탁월하고 「누이」에는 "정신대라는 이름의 노예"의 시대적 정신이 아프게 관통하고 있다. 50여 편의 작품들에서 우리는 그가 해온 시적 작업이 시대와 역사는 물론 예술적 승화의 측면에서도 상당히 꼼꼼하여 견고하게 절차탁마를 해왔음을 확인할 수 있었다. 우리 시단이 큰 시인 하나를 얻었다.

심사위원
정일근 (경남대교수. 시인)
곽효환 (대산문화재단 사무국장. 시인)
이지엽 (글) (경기대교수. 시인)

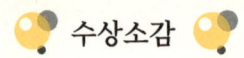 수상소감

조용한 울림과 오래가는 향기

　장맛비가 며칠째 내리는 날 봉투도 물에 젖은 전보가 한 장 날아 왔습니다.
　'서강석님 제3회 한국예술작가상 수상을 축하드립니다. 수상소감, 사진, 약력을 우송해 주세요. 열린시학사.' 그 날은 이십 칠년 함께 살은 아내가 처음 수술을 한 날이었습니다. 난소에 생긴 6cm 물혹 때문에 한쪽 난소를 제거하고 병상에 누워있는 아내에게 전보를 보여줬습니다. 수술로 잠시 잃어 버렸던, 웃는 모습이 예쁜 아내의 얼굴이 환하게 돌아왔습니다. 병문안 왔던 아내의 친구도 같이 축하해 주었습니다. 그날 저녁은 장맛비도 잦아들어 밤하늘엔 커다란 달까지 보였습니다.

　너무나 과분한 상을 받았습니다. 저의 짧은 시작기간에 부족하기 그지없는 시들을 응모하고 나서 혼자서 많이 부끄러워했습니다. 시인이 되고 싶은 욕심만 앞선, 준비도 안 된 모자라는 사람의 무모함을 자책하기도 하였습니다. 창간 20년이 다되어가는 권위 있는 시전문계간지 열린시학에서 한국문단을 이끌어갈 신인 작가를 발굴하기 위한 등용문으로 만든 '한국예술작가상'이 제게 주어졌다니 믿어지지가 않았습니다. 기쁨은 놀람 뒤에 따라왔습니다. 마침내 시인이 된 것이 말 할 수 없이 기뻤습니다. 행복하고 감사했습니다. 삼십년 전 고시에 합격했을 때 느낀 그 성취와 자랑의 감정이 오늘 다시 저를 찾아왔습니다.

 옛날 대학생 시절에는 연극을 했습니다. 배우가 되어 무대 위에 서는 것이 좋았고 연출로, 기획으로, 극회장으로 연극에 몰입하면서 다감했던 젊은이의 감성은 깊어갔습니다. 삼십년이 넘는 오랜 세월 공직의 길을 걸었습니다. 감성은 누르고 논리와 합리만 키워야 하는 시간들.. 모처럼 부담이 덜한 자리가 주어졌습니다. 글이 쓰고 싶었고 시를 공부하기 시작했습니다. '현대시 창작 강의'를 비롯한 이론서들과 많은 시들을 읽고 또 읽었습니다. 그리고 쓰기 시작했습니다. 감성은 무디어 졌지만 없어지지 않았고 빠르게 되살아나 성장했습니다. 시상이 이미지로 그려지면 글로 쓰고 수 없는 퇴고의 과정을 거쳐 고쳐가면서 하나의 시를 완성하고 나면 아이처럼 행복하고 즐거웠습니다.

 쉬운 문장으로 깊이 있는 시를 쓰고 싶습니다. 읽고 나서도 무슨 말인지 몰라 감동이나 의미의 전달이 없는 시, 강하게 양념된 대중음식 같이 과장되고 포장만 잘 된 시가 아닌, 평범해 보이지만 창의적이고, 조용한 울림과 오래가는 향기가 있는 시를 쓰고 싶습니다. 대도시의 소외와 고독에 관하여, 젊음의 사랑과 성취에 관하여, 의식의 흐름과 성장에 관하여 시를 쓰고 싶습니다. 그러나 마음만 있지 너무도 부족합니다. 쓰고 나면 문장은 어려워졌고 표현은 과해졌으며 주제는 춤을 추었습니다. 더욱 노력하겠습니다. 더 많이 공부하겠습니다. 모자라는 저에게 이처럼 넘치는 상을 주신 열린시학사에 진심으로 감사드립니다. 시인이 된 영광을 항상 저를 응원하고 배려하며 바로잡아주는 사랑하는 아내 서경애와 반듯하게 잘 커준 아이들 진원, 리원과 함께하고 싶습니다. 오늘 저녁 우리 네 식구 집에서 고기 굽고 와인이라도 한잔 같이 해야겠어요. 아주 편안하고 행복한 오후입니다.

2013년 가을
서 강 석

부록

단정히
머리 빗고
타이 매고서

초판발행 : 2017년 5월 30일
발 행 처 : 행일미디어
주   소 : 서울시 강동구 천호옛길 48
전   화 : 02)403-9111
팩   스 : 02)403-9222
출판등록 : 2012년 2월 8일 제324-2014-000034호

일러스트 : 서리원

ISBN 979-11-960957-0-3 (03800)